Moi aussi, je suis une ADO !

Ségolène VALENTE

Moi aussi, je suis une ADO !

pop RAGEOT

Direction artistique : Blaise Jacob
Couverture et intérieurs : Cléo Germain

ISBN 978-2-7002-5111-1
ISSN 2491-9845

La Petite-Minus, grrr...

Moi aussi, je voulais aller à la soirée de mon cousin. Mon frère et ma sœur se préparaient mais ils refusaient de m'y emmener. Ça m'énerve. On me prend toujours pour un bébé dans cette famille.

J'ai supplié Margaux pendant qu'elle se maquillait dans la salle de bains : les yeux qui clignotent, les piétinements, les « s'il te plaît » à répétition, bref ma technique habituelle. Elle m'a dit :

– Tu es trop petite, on rentrera à deux heures du matin.

– Deux heures du matin, ce n'est pas tard ! J'ai déjà fait une nuit blanche à la soirée pyjama chez Joséphine !

– Ce soir tu ne peux pas venir mais, promis, je t'accompagnerai à Disneyland pendant les grandes vacances.

– C'est nul Disneyland , je veux aller à votre soirée !

– Et j'ai pensé à toi. Tu verras sur ton bureau, j'ai préparé deux pages de multiplications en colonnes. Tu ne risques pas de t'ennuyer !

Grrr... J'ai sorti ma « grimace de pas contente » avec les coins de la bouche qui descendent jusqu'au menton et les yeux sur le côté. Puis je me suis assise sur le rebord de la baignoire, les bras croisés, sans bouger.

Ma sœur ne pense qu'au travail. Elle trouve que mes parents sont trop cool avec moi. Pour que je réussisse aussi bien qu'elle à l'école, elle me donne des tonnes d'exercices.

J'ai versé une larme pour l'encourager à céder, le summum de mon art de la persuasion. Mais elle n'a pas changé d'avis. Je n'avais plus qu'une solution : supplier mon frère Paul.

À cet instant, justement, Paul a déboulé dans la salle de bains suivi d'une fille très belle. Elle était le sosie de Spectra, une de mes poupées Monster High, avec ses longs cheveux et ses mèches bleues. On s'est regardées, ma sœur et moi, en pensant toutes les deux : « Oh oh, il a une nouvelle amoureuse ! »

Paul est en seconde et, lui, il ne pense qu'aux filles. Il paraît qu'il a déjà eu quatre petites amies. Mais je ne l'ai jamais vu en embrasser une. Bientôt, peut-être...

En tout cas, il arrivait au bon moment. Je me suis dit : « Yes ! En me voyant pleurer, il va me proposer à la dernière minute :

– Vite Alice, dépêche-toi de mettre tes chaussures et ton manteau, on t'emmène ! »

Mais mon frère m'a ébouriffé les cheveux et s'est écrié :

– Sourire, Little-Small, on te rapportera des bonbons !

Traduction de Little-Small : Petite-Minus. Grrr...

Il m'a envoyé un clin d'œil et s'est aspergé avec l'eau de toilette qu'il a reçue à son anniversaire. J'étais sur le point d'éclater en sanglots. Quand je vous disais qu'on me prend toujours pour un bébé dans cette famille ! Mais à ce moment-là, la copine de mon frère a glissé sur un gant mouillé et elle est tombée dans le panier de linge sale. On a tous éclaté de rire. Sauf elle. Mon frère l'a aidée à se relever :

– Tu ne t'es pas fait trop mal, Célia ?

– Oh non, tout va bien, a-t-elle soufflé en massant son poignet.

Elle a retiré une chaussette sale qui avait atterri sur son épaule. Puis elle a adressé un sourire attendri à mon frère. Et là, j'ai cru que j'allais voir le bisou-bisou de Paul et Célia en direct, à vingt centimètres de moi, suspense… Mais rien du tout ! Dommage. Ce sera pour une prochaine fois !

On ramassait le linge sale éparpillé jusque dans la douche quand maman a traversé le couloir, son dernier tableau dans les mains. Cette peinture représentait un bouquet d'iris qui ressemblait plutôt à un feu d'artifice. Ma mère ne s'est pas arrêtée, elle a toujours mille trucs à faire. Elle m'a lancé au passage :

– On va profiter de l'absence des grands pour organiser une soirée pizza-film tous les trois, ma petite Alicette ! Tu peux préparer ton DVD *Poney Passion*.

Maman ferait tout pour que je retrouve mon beau sourire de quand j'étais petite, celui que j'ai sur les photos dans l'entrée. Elle me demande souvent : « Où est passé ton joli sourire, ma petite Alicette ? »

Cette fois encore, pour le sourire, c'était raté. J'ai répondu un « hmmm » grognon. M'appeler Alicette à dix ans devant la nouvelle copine de mon frère, c'est la honte !

Et puis, j'ai réfléchi : une soirée pizza-parents-*Poney Passion*, c'est ma soirée de rêve. Depuis le temps que j'insiste pour qu'on regarde ensemble mon documentaire préféré ! Comment ne pas exploser de joie à cette proposition ?

Alors que j'étais en pleine euphorie, papa est apparu devant la porte de la salle de bains.

– Mais avant, mets ton pyjama et range ta chambre ! il a ajouté.

Je n'ai pas eu le temps de protester, il était déjà parti. Parce que lui aussi a toujours mille trucs à faire.

Les odeurs de pizza me chatouillaient les narines. Alors j'ai bondi dans ma chambre au milieu de mes poupées, peluches, tasses de dînette et poneys à coiffer. Sans traîner, j'ai sauté dans mon pyjama rose et j'ai enfilé les énormes chaussons monstres-fluo que mon frère m'a offerts à Noël, avec un gros œil globuleux à chaque pied.

Puis, pour me donner du courage, j'ai admiré mes 29 posters de chevaux (toutes tailles confondues) accrochés aux murs. Go ! J'ai rassemblé à toute vitesse mes peluches sur le lit et poussé contre le mur le bazar de mes poupées Monster High mélangé à d'autres bazars. Terminé !

On recommencera notre installation de poupées un autre jour avec Joséphine. Dommage que ma copine soit chez son père ce week-end, je lui aurais bien envoyé un message plein de ☺ avec le téléphone de Margaux pour l'inviter à la séance *Poney Passion*. Elle aurait adoré.

Une fois le rangement expédié, je suis descendue avec ma peluche serpent autour du cou. Je me suis jetée dans le canapé et j'ai crié :

– Alors, on la commence, notre soirée ?

Moi, bébé ? Ah non !

À l'école aussi, on me prend pour un bébé et ça m'é-nnnerve ! Grrr... Je ne suis pas un bébé ! Parfois, j'ai envie de hurler au milieu de la cour : « Je ne suis pas un bébé, vous m'entendez ! »

Un lundi, une semaine après la soirée de mon cousin où je n'étais pas invitée, une fille de ma classe m'a même traitée devant tout le monde. J'ai eu la honte de ma vie. C'était à la sortie de l'école. J'étais avec Joséphine, comme toujours. Je venais de demander à notre maîtresse adorée :

– Madame Leprat, est-ce qu'on peut emporter des poupées Monster High, Joséphine et moi ?

Ma copine a ajouté :

– Pour le voyage, le jour de la visite à Paris.

On s'est jeté un coup d'œil éclair, très fières de notre duo de choc !

Joséphine, c'est ma meilleure copine. À part la taille (elle est la plus grande de la classe et moi la plus petite) on se ressemble comme deux gouttes de sirop à la framboise : même queue de cheval, même blouson brillant, mêmes baskets violettes, même façon de porter le cartable sur une épaule, même passion pour le rose, les Monster High, les coiffures, la trottinette et le poney (on économise pour en acheter un qu'on installera dans mon jardin). Bref, on est les mêmes !

Mme Leprat a accepté qu'on apporte une Monster High chacune. Elle est trop gentille ! Je serais prête à redoubler pour l'avoir encore l'année prochaine !

Comme la réponse était positive pour les poupées, j'ai sauté de joie en criant :

– Merci, maîtresse adorée !

Le problème, c'est que Louane était juste derrière moi. Et, j'avoue, je l'ai un peu bousculée. J'ai un tout petit peu écrasé son pied.

– Ah, tu étais là ? ai-je marmonné.

Elle a souri de travers. Cette fille ne sait pas sourire normalement, on dirait toujours qu'elle se force. Puis elle a soufflé ces mots, suffisamment fort pour que tout le monde entende :

– Alors, bébé ? Tu es contente, tu peux emporter tes poupées à la sortie ?

– Mais quoi, mais je, mais non... ai-je bafouillé comme si je ne savais plus parler, exactement comme un bébé !

Les mots s'échappaient de ma bouche en faisant blup-blup, comme si j'avais une tétine entre les dents. Me voyant perdue dans ma phrase, Louane a esquissé un nouveau demi-sourire satisfait et elle a franchi le portail, suivie de ses trois copines.

Louane ne nous aime pas, Joséphine et moi, surtout moi. Au début de l'année, elle a été gentille avec nous pendant deux semaines. Elle espérait nous convaincre de la rejoindre dans son groupe avec Maéva, Chérifa et Soraya. Mais on n'a jamais accepté. Ces filles sont trop bêtes. Avec Joséphine, on les appelle les BBB. C'est notre code secret quand on veut parler d'elles discrètement. BBB, comme leurs discussions bêtes : « Beauté-Bijoux-Bisous ».

De toute façon, on s'en fiche des BBB, nous ! On a d'autres copines dans la classe vraiment pas BBB : Claire, Lily, Diamara… Et en vérité, on préfère rester entre nous avec Joséphine. C'est plus sûr pour les secrets.

Vexée qu'on n'intègre pas son groupe, Louane ne nous a plus jamais adressé un mot, jusqu'à ce « Alors, bébé ». J'ai été tellement surprise que je n'ai même pas réussi à répondre un truc automatique, du genre : « Bébé toi-même ! »

En tout cas, je ne me suis pas laissé faire. Les BBB attendaient au feu pour traverser. Comme c'était aussi notre chemin pour nous rendre chez Joséphine – parce que le lundi après l'école je vais chez ma copine –, j'ai demandé à Louane sans m'énerver, juste pour avoir une explication :

– Pourquoi tu m'as traitée de bébé tout à l'heure ?

– Moi, je t'ai traitée de bébé ?

Ses copines ont pouffé de rire et Maéva a chuchoté :

– Il n'y a que la vérité qui blesse !

Grrr… Elle aussi, je la déteste.

Joséphine m'a soufflé :

– Laisse, on y va.

– Non, je veux savoir, ça m'intéresse. Alors, j'écoute…

Le feu pour les piétons est passé au vert. Mais comme je refusais qu'elle s'en tire aussi facilement, je me suis postée devant Louane pour lui barrer le passage et j'ai attendu sa réponse les bras croisés, sans bouger. Elle a ricané :

– Tu veux te battre, bébé, c'est ça ?

– Me battre ?

– Chérifa, tu nous filmes ?

Oh la folle ! Même si je la détestais, je n'avais pas du tout envie de me battre ! Jamais de la vie !

J'ai aussitôt reculé dans le caniveau, des fois qu'elle tente de m'envoyer un coup. Mais dans le caniveau, j'étais encore plus petite. Alors je suis remontée très vite sur le trottoir à côté de Joséphine et j'ai déclaré :

– En plus, tu l'as dit devant la maîtresse. La prochaine fois…

– La prochaine fois… tu feras attention ! m'a-t-elle interrompue en souriant de travers.

– Pourquoi ?

Elle a pointé son index à l'ongle verni en bleu turquoise sous mon menton. J'ai eu le réflexe de m'écarter de peur de recevoir une claque. Elle a ajouté :

– Tu as bavé sur ton foulard… bébé !

– Babé ? Euh… bavé ?

Horreur ! Sur mon foulard rose, une grosse tache de fromage blanc brillait entre deux têtes de mort. Et elle était sur moi depuis la cantine.

Affolée, je me suis tournée vers Joséphine en murmurant :

– Pourquoi tu ne m'as pas prévenue ?

Les copines de Louane ont rigolé. J'avais trop la honte. Joséphine m'a attrapé le bras et m'a lancé :

– Viens, c'est vert pour nous !

Je l'ai suivie, trop désemparée pour réagir. En partant, j'ai jeté un micro-coup d'œil derrière moi : Chérifa suçait son pouce pour imiter un bébé, Maéva faisait des blup-blup avec ses doigts sur sa lèvre inférieure, Soraya imitait des pleurnicheries en se frottant les yeux et Louane m'observait avec son éternel sourire aux lèvres.

Joséphine n'aime pas les problèmes alors elle préfère les ignorer. Moi quand j'ai un problème, je suis incapable de vivre comme s'il n'existait pas. Tant que je ne trouve pas de solution, je ne vois que lui. Il prend toute la place dans mon cerveau et je me pose mille questions : qui-quoi-où-quand-comment-pourquoi-pourquoi et pourquoi ?

Et c'est très énervant parce que, dans la vie, on a besoin de son cerveau aussi pour autre chose que pour les ennuis.

Encore heureux, il existe sur terre des copains sympas et rigolos qui vous changent les idées en un quart de seconde. Ce copain s'appelle Noé pour Joséphine et moi. Pardon... je devrais dire : pour l'*alien-naine* et *big-alien*...

Alice, alias l'alien-naine :-)

Sur le chemin du retour, en marchant aux côtés de Joséphine, je repensais à l'insulte de Louane et j'avais envie de pleurer... comme un bébé ! Mais je me suis retenue. Au niveau de la boulangerie, j'ai marmonné, la gorge serrée :

– Moi, bébé ? Moi, bébé ?

– On s'en fiche de ce qu'elles disent, elles sont bêtes ! a répondu Joséphine. On goûte et on joue ou on joue et on goûte ?

– Comme tu veux.

– Coiffures ? a-t-elle fredonné, sûre de son effet.

J'ai haussé les épaules. Je devais être vraiment désespérée. D'habitude, j'aurais sauté de joie à cette proposition. J'adore coiffer Joséphine qui a les cheveux si doux. Et j'avais encore plein de tresses à réaliser en m'inspirant du livre que ma sœur m'a acheté le samedi où on a fait du shopping ensemble.

Même ma meilleure copine n'arrivait pas à me remonter le moral. C'était fichu pour ce lundi. La BBB m'avait trop énervée.

Soudain, on a entendu une voix bien connue crier derrière nous :

– Ohé, les aliens ! Vous m'attendez ?

C'était Noé ! Noé est dans notre classe. Il a des grosses joues de hamster, il porte une casquette même par temps nuageux et il grignote à longueur de récrés. C'est lui qui, chaque matin, dessine un ☺ avec un grand sourire au tableau. Mme Leprat le laisse faire, je crois qu'elle apprécie.

Avec Noé, on rigole bien et il nous propose souvent des bonbons. Il a un seul défaut : il n'aime pas les chevaux. Comment est-ce possible de ne pas aimer les chevaux ? Un jour, on l'obligera à venir au centre équestre pour qu'il change d'avis.

Depuis qu'on est devenus super copains avec Noé, il nous a donné des surnoms : moi, c'est Alice alias l'*alien-naine* parce que je suis la plus petite de la classe. Ma copine, c'est Joséphine alias *big-alien*. Je n'ai pas compris pourquoi jusqu'à ce que Margaux m'explique qu'en anglais *big* signifie « grand ».

Comment, vous ne connaissez pas le mot *alias* ? Vous êtes trop nuls (LOL) ! Moi non plus, je n'avais jamais entendu ce mot, jusqu'à la semaine dernière. C'est ma sœur qui me l'a appris. Je ne retiens pas toujours ses explications mais *alias* je m'en souviens : on l'utilise quand on désigne quelqu'un autrement que par son vrai nom. C'est pratique parfois d'avoir une *google-sœur* qui sait tout sur tout !

Bref, notre copain courait avec son cartable sur le dos et le gilet à capuche détaché. J'ai hurlé :

– Tu ne vas pas à l'étude, la Chose ?

Joséphine a pouffé de rire à côté de moi, comme à chaque fois que j'appelle notre meilleur et unique copain « la Chose » ! Ce surnom date du jour où, en sport, Noé a pris un coup de pied mal placé. Il n'a pas osé nommer l'endroit où il avait mal devant la maîtresse, alors il a gémi : « dans… la chose ». Depuis, c'est resté.

Noé a répondu, tout essoufflé :

– J'ai... den... tiste... at... ten... dez... moi... bande... d'aliens !

– Grouille, on est pressées !

Il a réussi à me faire sourire quand je l'ai vu galoper sur le trottoir comme un petit shetland tout fou avec sa capuche qui volait comme une crinière dans le vent.

Vraiment, dans ce genre de situation, lorsqu'un problème envahit mon cerveau, il n'y a que lui qui arrive à me changer les idées. C'est très agréable d'avoir un copain qui ne sait rien sur rien de mes ennuis dans la vie !

Noé n'a pas ralenti à temps et nous a percutées. C'est sa spécialité, on devrait être habituées. Alors que Joséphine nettoyait sa chaussure avec l'index, j'ai grondé :

– Tu aurais pu faire attention, la Chose !

– Sourire, l'alien !

Pour qu'on lui pardonne, il a sorti un sachet de la poche de son gilet et il nous a proposé :

– Des pop-corn ?

On a écarquillé les yeux comme si nos pupilles étaient des grains de maïs qui venaient d'éclater et on a répété :

– Des pop-corn !

On s'est jetées sur lui et j'ai martelé à la façon d'un extraterrestre :

– A-liens-a-ffa-mées, donne-vite-pop-corn !

Noé a toujours des idées géniales pour nous mettre de bonne humeur. En tout cas, grâce à lui et à ses pop-corn, j'ai complètement oublié mon problème avec Louane et les BBB.

Il a ouvert le sachet et m'a tendu une petite poignée en proclamant :

– Tiens, voilà pour toi, l'alien-naine !

Puis il a tendu une grosse poignée à Joséphine en ajoutant :

– Et pour toi, big-alien !

Noé est le seul qui a le droit de nous traiter d'alien-naine et de big-alien. On lui a quand même enfoncé sa casquette de travers. Il déteste qu'on y touche. Mais c'est tout ce qu'il méritait pour sa blague !

Finalement on a vidé son sachet comme des gloutonnes. Lui, à cause de son rendez-vous chez le dentiste, il n'a pas pu en manger un seul. Il nous a quittées au carrefour et on a continué notre chemin, toutes les deux, entre aliens.

Ce soir-là chez Joséphine, malgré la dispute avec les BBB, on s'est hyper bien amusées. Pour une fois, j'ai convaincu ma copine de jouer et goûter en même temps. Je lui ai promis : « Zéro miette de gâteau sur la moquette ! » et elle a accepté.

Mais le mot *bébé* de Louane restait coincé au fond de ma gorge comme un gros morceau de brownie croqué d'un coup. *Humpf !* Alors pour essayer de l'oublier, en rentrant chez moi, je me suis jetée sur la tablette de ma mère pour battre mon record de sauts d'obstacles. J'ai réussi à le dépasser mais pas à avaler le mot *bébé.*

Une semaine plus tard, le morceau de gâteau ne passait toujours pas et le mot *bébé* résonnait dans ma tête comme une balle rebondissante. En rentrant de chez Joséphine le lundi soir, je ne me suis pas jetée sur la tablette. J'ai préféré me confier à mon miroir magique. C'était la meilleure solution pour me débarrasser de mon problème.

Mon miroir papillon connaît bien mes secrets. Quand je lui parle d'un problème, après je me sens mieux, comme si la moitié de mes ennuis s'était déjà envolée. Maman a acheté ce miroir d'occasion sur Internet. Il est très beau, même si papa n'a toujours pas recollé l'aile du papillon ni repeint la bordure mauve qui s'écaille comme il me l'avait promis. Il est le pro du rangement, pas le pro des bricolos. En tout cas, même abîmé, mon miroir entendait mes histoires, c'était le plus important.

J'ai examiné mon reflet. C'est sûr, quelque chose faisait bébé, mais quoi ? La queue de cheval ? Les boucles d'oreilles fraises en pâte Fimo que Joséphine m'a fabriquées ? Le tee-shirt jaune avec la tête de zèbre ? Les chaussettes avec les étoiles argentées ?

Et puis j'ai murmuré, les yeux dans les yeux :

– Moi, bébé ? OK, c'est peut-être vrai. Je suis trop petite pour aller à la soirée de mon cousin, trop bébé pour les filles de ma classe qui ne jouent plus à la poupée... Mais ça ne va pas durer. Je veux changer !

Comment ? Je ne savais pas encore. Je trouverais. Il devait bien exister une solution.

J'étais en train de réfléchir quand papa a crié « À table ! » en bas de l'escalier. Grrr... déjà ? J'ai recommencé ma spéciale grimace de pas contente. J'ai ajouté les sourcils froncés. Pas mal du tout, les sourcils froncés. Je m'entraîne souvent devant mon miroir pour les grimaces. Celle-là était très réussie. À garder.

– On mange maintenant ! a encore crié papa.

– Ouiii ! j'ai répondu pour gagner cinq minutes.

Je n'ai pas de chance. C'est toujours quand je suis occupée qu'il faut aller à table ! Comment trouver la solution à mon problème si on ne me laissait jamais le temps de réfléchir ?

Et puis mes narines se sont mises à frétiller : la bonne odeur des spaghettis à la bolognaise montait jusqu'à ma chambre. Miam, j'adore les bolos ! Attention, Paul risquait de se servir la moitié du plat si je ne me dépêchais pas ! Alors vite, à table !

J'ai tiré sur ma queue de cheval pour la resserrer, comme le fait Joséphine dès que le chouchou s'est baissé d'un millimètre. Joséphine aime que tout soit parfait dans la vie. Et moi, j'aime ressembler à ma super copine. Même si, pour le moment, tout est loin d'être parfait dans ma vie.

À cet instant la porte de ma chambre a grincé tout doucement. Ce n'était ni papa ni maman ni Paul ni Margaux...

Surprise !

Mon modèle, c'est elle

J'étais sur le point de protester, comme je sais faire : « On frappe avant d'entrer, bande de pas gênés ! », lorsque j'ai entendu une voix douce :

– Coucou, c'est moi !

Moi, moi, moi ! C'est qui moi ?

Je déteste qu'on entre dans ma chambre sans frapper. C'est la spécialité de mon frère et de ma sœur. Ils ouvrent la porte et s'affalent sur mon lit comme si c'était leur canapé personnel ! Je leur répète à chaque fois : « Toc toc toc, c'est pas difficile, bande d'imbéciles ! » Comment je dois leur dire pour qu'ils comprennent ? « Auriez-vous l'amabilité de bien vouloir vous annoncer avant de pénétrer dans cette chambre qui est la mienne ? » J'ai déjà essayé, ça n'a pas marché. J'ai aussi affiché sur ma porte une tête de mort que j'ai très bien dessinée, avec un message en rouge : « Frappez avant d'entrer ». Eh bien, c'est toujours pareil. Ils entrent ici comme dans leur salon privé.

Bref, je me suis retournée et, quand j'ai reconnu les beaux cheveux ondulés de la copine de mon frère et sa mèche bleue magnifique qui scintillait à la lumière, j'ai sursauté en bredouillant comme une nouille :

– Ah… Célia ? Je… Euh… tu… qu'est-ce que…

– Je m'en vais. Je voulais te dire au revoir.

– Ah oui, ben, euh… au revoir alors.

J'ai saisi la poignée de la porte pour la refermer au plus vite. J'avais trop honte du bazar dans ma chambre.

Mais elle a ajouté :

– À demain. On a encore du travail pour notre exposé avec Paul.

Du travail pour votre exposé, oui bien sûr ! Ce ne serait pas plutôt du travail pour le bisou-bisou, avoue !

Avant que j'aie eu le temps de répondre, Célia a ouvert la porte, s'est approchée de moi et m'a fait la bise. Je suis restée statufiée comme si elle m'avait jeté un sort, incapable de bouger le petit doigt. Que se passait-il ? C'était la première fois qu'elle me faisait la bise avant de rentrer chez elle !

J'attendais qu'elle se dirige vers l'escalier pour reprendre une respiration normale. Mais elle s'est avancée jusqu'au tapis avec la licorne à la crinière dorée recouvert de jouets. Elle a observé autour d'elle et s'est exclamée :

– Elle est jolie ta chambre !

– Oui, mais trop petite. C'est pour ça qu'il y a toujours du bazar.

– Tu l'as bien décorée en tout cas.

– Ah, merci !

– Moi aussi, j'adore les chevaux.

Alors là, qu'est-ce qu'elle n'avait pas dit ! J'ai répliqué à la vitesse de l'éclair :

– Ah-bon-c'est-vrai-tu-aimes-les-chevaux ?

– J'adooore !

Mon cœur s'est emballé comme si mon poney partait soudain au grand galop sur une plage déserte.

– Ne bouge pas ! Je vais te montrer deux posters trop beaux !

– Ah bon ! Parce que tu en as d'autres ?

– Je ne les ai pas encore accrochés, il faut que je leur trouve une place.

Les chevaux, c'est mon sujet de discussion préféré. Dans ma famille, on ne m'écoute jamais plus de cinq minutes parler d'équitation. Mais comment s'arrêter au bout de cinq minutes quand on est passionnée comme moi ?

Ma chambre était tapissée de posters de chevaux et je n'aurais pu en enlever aucun, pas même la minuscule image déchirée, scotchée sur mon réveil. Au-dessus du lit, comme Joséphine, j'ai affiché la photo dédicacée d'Olympe Charvet, la star de notre club, et tous les soirs avant de me coucher, je lui souhaite bonne nuit en priant pour devenir championne moi aussi.

Je me suis dit qu'on allait bien s'entendre avec Célia, et je me suis précipitée sur le premier tiroir de mon bureau. J'ai déplié mes deux posters.

– Ils sont magnifiques ! s'est-elle exclamée.

– Trop ! ai-je approuvé.

Elle a réfléchi trois secondes en envoyant sa mèche bleue en arrière. À cet instant, j'ai pensé qu'une tresse sur le côté lui irait très bien. Je comptais lui proposer mon idée après notre discussion sur les chevaux. Il y a des priorités dans la vie.

Puis elle m'a conseillé :

– Si tu n'as plus de place sur les murs pour ces deux posters, accroche-les au plafond, au-dessus de ton lit ! Comme ça, tu les verras le soir avant de t'endormir pour faire de beaux rêves, et le matin au réveil pour passer une bonne journée.

– Hy-per-bonne-i-dée, merci Célia ! me suis-je écriée, en m'empêchant de lui sauter au cou même si ce n'était pas l'envie qui me manquait. Je n'y ai jamais pensé, au plafond ! Pourquoi je ne t'ai pas invitée avant dans ma chambre ?

J'ai attrapé la boîte de punaises et j'en ai pioché une poignée pour installer mes posters au plafond, là, tout de suite, maintenant, avant le dîner. C'était une trop bonne idée ! Et j'étais sûre qu'une fille comme elle en avait plein d'autres, des idées aussi géniales.

J'ai hissé ma chaise de bureau sur le lit pour monter dessus. Célia m'observait. Elle m'a expliqué d'une voix douce :

– Ils ont de la chance Paul et Margaux d'avoir une petite sœur comme toi.

– Évidemment qu'ils ont de la chance ! Tiens-moi les posters trois secondes.

– Tu es sympa et marrante. On ne doit pas s'ennuyer avec toi à la maison !

– Ce n'est pas toujours ce qu'ils disent, mais je suis bien de ton avis...

J'ai bondi sur le lit en poussant un hennissement : « Hihihihi ! »

Elle a rigolé, ça marche à tous les coups, et elle a poursuivi :

– Moi je suis fille unique. J'aimerais tellement avoir une petite sœur qui imite aussi bien le cri du cheval !

– Hihihi ! Je me suis entraînée des milliers de fois. Tout le monde me le réclame. Donne-moi les posters et tiens la chaise, s'il te plaît.

– Ce n'est pas très prudent de te mettre debout sur une chaise à roulettes posée sur un lit, tu risques de tomber.

– Tu parles, je l'ai déjà fait cent fois et je suis toujours en vie ! ai-je menti. C'est bon pour toi ?

– Ce n'est pas stable. À ta place, je...

– T'inquiète, j'ai l'habitude ! On travaille la voltige à l'équitation. Si je ne tombe pas d'un poney, je ne tombe pas d'une chaise !

– C'est vrai !

Elle a souri. Je n'ai pas compris pourquoi. Sans doute parce qu'elle m'aimait bien.

Pendant qu'elle maintenait le dossier, je suis montée sur la chaise. J'ai eu un peu la frousse. Avec la couette dessous, c'était tout mou et je m'enfonçais. Oh là là, ce n'était pas si facile la voltige sur une chaise à roulettes !

Célia continuait de parler alors que c'était le moment délicat où je tentais de me redresser avec les posters dans une main et les punaises dans l'autre. Elle a dit :

– En fait, je pensais à un truc : on se ressemble toutes les deux, tu ne trouves pas ?

– Moui... Tu tiens bien, t'es sûre ? Crottin de cheval, je suis trop petite ! Je demanderai à mon père de les accrocher. S'il refuse, je le supplierai.

– Et je pensais à un autre truc, a-t-elle poursuivi : Célia et Alice, ce sont les mêmes lettres dans un ordre différent.

– À moins que… tu veux bien m'aider ? Tu es grande, toi…

Elle m'a fixée droit dans les yeux comme si je l'invitais à escalader le mont Blanc. J'ai ajouté :

– Allez, on se dépêche, je dois descendre dîner !

– Tu avais remarqué pour nos prénoms ?

– Hein ?

– Les mêmes lettres mais pas dans…

– Quoi ? Qu'est-ce que tu racontes ? Alors tu peux m'aider pour les posters, oui ou non ?

Plus je suis pressée et moins je comprends. C'est comme quand Margaux m'explique un exercice de maths pendant que Joséphine m'attend pour un tour de trottinette. Même si c'est facile, je n'arrive pas à me concentrer.

Célia est enfin montée sur mon lit. Elle a posé un pied sur la chaise à roulettes. J'ai chuchoté pour ne pas la déconcentrer :

– Trop belles tes chaussettes noires, elles ont l'air douces !

– Oui mais elles glissent. Je ne sais pas si je vais y arriver.

– Tu ne risques rien, je tiens la chaise de toutes mes forces. Trois, deux, un, go !

Et patatras ! Célia est tombée en emportant dans sa chute les objets posés sur la table de nuit, ce qui a provoqué un superbe feu d'artifice : la lampe de chevet, le verre d'eau, le radio-réveil et mes nouvelles pâtisseries en pâte Fimo, tout a voltigé en même temps. Comme s'il n'y avait pas assez de bazar dans ma chambre !

Au moins, j'ai eu le bon réflexe : j'ai lâché la chaise et j'ai bondi en arrière pour ne pas la recevoir sur les pieds. La chaise a fait un salto. Elle a renversé la corbeille pleine à ras bord et s'est écrasée sur le lycée des Monster High qui est très difficile à remonter.

– Silence, il y en a qui travaillent ici ! a grogné ma sœur dans sa chambre.

De l'autre côté, mon frère a tapé contre la cloison – bam bam bam – comme il fait d'habitude pour communiquer sans se lever du lit ni retirer son casque ni mettre en pause sa vidéo ou fermer son manga.

La bonne nouvelle, c'est qu'il n'y avait pas que moi qui n'étais pas encore à table !

La mauvaise nouvelle, c'est que mon amie ne bougeait plus, et je ne voyais même pas sa tête recouverte de peluches derrière le lit. J'ai eu peur.

– Célia ? C'est moi, Alice ! Tu m'entends ?

Sœurs de cœur

J'ai soulevé la peluche serpent et je me suis penchée sur Célia qui était étendue par terre, coincée entre le lit et le mur :

– Célia ? Tu n'as pas trop mal ?

– Ça aurait pu être pire, a-t-elle susurré en reprenant ses esprits. Je me suis cogné la tête et je me suis retordu le poignet mais je suis encore vivante.

– Ouf, tu me rassures ! Par contre pour ton petit haut, c'est dommage. Il était trop classe.

Son tee-shirt avec le drapeau anglais était déchiré au niveau de l'épaule. On apercevait un petit morceau de la bretelle brillante de son soutien-gorge.

Elle s'est relevée en s'aidant de mon bras puis elle a éclaté de rire :

– En effet, on ne s'ennuie pas avec toi !

– Avec toi non plus ! Impressionnante, la chute. Je l'aurais bien filmée pour te montrer ton exploit. Regarde tout ce que tu as fait voler.

– Je t'aide à ranger ?

– Hy-per-bonne-i-dée-merci-Célia !

Je ne me suis jamais autant amusée à ranger. Célia a redressé la chaise avec son bras valide et on a ramassé ce qui était éparpillé par terre en sautillant comme des ponettes dans un pré de pâquerettes. Comme on avait peu de temps, on a juste poussé les morceaux du lycée des Monster High contre le mur.

Ensuite, elle est sortie de ma chambre en secouant son poignet et elle m'a soufflé :

– Peut-être à demain, ma sœur de cœur !

Je lui ai répondu :

– Non, pas « peut-être ». C'est sûr, à demain, grande sœur de cœur ! Hihihiii ! Tagada, tagada !

Et j'ai imité le trot du cheval dans ma petite chambre. J'étais super contente d'avoir trouvé une grande sœur de cœur aussi géniale que Célia ! Je la présenterais à Joséphine.

J'envoyais des coucous et des grimaces rigolotes à Célia à la fenêtre quand j'ai entendu les pas de mon père dans l'escalier. Je me suis dépêchée de sortir de ma chambre.

– Qu'est-ce que tu fabriques, Alice ? Je t'appelle depuis un quart d'heure ! On mange tout de suite, tu descends !

– Eh bien justement, c'est ce que je faisais !

Et puis je n'ai pas pu m'empêcher de lui confier :

– Papa, il m'arrive un truc trop drôle ! Je discutais avec Célia. Elle a quinze ans mais on s'entend hyper-bien. Tu sais pourquoi ?

– Moi il m'arrive un truc moins drôle, a-t-il répliqué en soupirant : j'ai appelé dix fois ma fille de dix ans et elle n'est pas descendue !

– Primo dans Célia, il y a les mêmes lettres que dans Alice : c, e, l, i, a. Secundo, elle est passionnée d'équitation, comme moi ! Tertio, j'adore sa mèche, elle lui va trop bien !

Mon père aussi s'exerce sûrement devant les miroirs pour ses grimaces. À cet instant, c'était « grimace-pizza » : le visage rouge sauce tomate, les yeux aussi noirs que deux petites olives rabougries et les sourcils de travers comme des anchois trop salés.

J'ai compris que je devais descendre tout de suite.

J'ai fermé soigneusement la porte de ma chambre et j'ai dévalé l'escalier en criant :

– Vous m'avez gardé des spaghettis, j'espère !

J'aurais aimé que Célia dîne avec nous. Elle, elle m'aurait écoutée pendant la discussion sur le réchauffement climatique. Pour limiter la pollution, j'avais une solution originale, économique et amusante. J'ai répété au moins trois fois :

– Il suffit de supprimer les voitures et de se déplacer à cheval !

Ils continuaient à parler entre eux alors que ma sœur de cœur aurait forcément trouvé mon idée géniale. On se comprenait, nous deux, surtout à propos des chevaux. Ensemble, on aurait écrit une lettre au ministre de l'Écologie pour expliquer mon super projet.

Puisqu'ils ne prêtaient aucune attention à mes propositions, j'ai arrêté de m'user la voix et je me suis concentrée sur mon problème personnel : comment ne plus passer pour un bébé à la maison, à l'école, partout ?

Après le dessert, je suis montée m'asseoir à mon bureau pour réfléchir sérieusement. J'ai imité la position favorite de Margaux, la tête dans les mains. Au début, je ne voyais que des étincelles de réflexion dans mon cerveau. C'était impossible de détecter la solution.

Et puis j'ai repensé à notre discussion avec ma sœur de cœur. Soudain, eurêka, j'ai trouvé ! Pour qu'on ne me prenne plus pour un bébé, je n'avais qu'à grandir en vitesse accélérée ! La solution était de devenir au plus vite une mini-adolescente, une fille de dix ans qui en paraîtrait quinze. Parfaitement, ado à dix ans ! Et plus personne ne me ferait de remarques pour les soirées, les sorties et le reste aussi. Ce serait enfin la belle vie.

Pour me transformer, j'avais besoin d'un modèle, de quelqu'un qui m'inspire. Bien sûr, mon modèle était tout trouvé : c'était Célia ! Il suffisait d'imiter mon ado adorée qui était ma grande sœur de cœur. Ce n'était pas trop difficile de lui ressembler. Moins difficile que de recopier Margaux qui était trop forte en tout, au lycée, à la harpe, à la danse. Et puis quel intérêt d'avoir une deuxième Margaux dans la famille ?

Donc, si mon plan marchait comme je l'espérais, en quelques jours seulement je deviendrais une adolescente et on arrêterait de me prendre pour un bébé. On écouterait même mon avis sur des sujets sérieux. Et ma vie changerait, ce serait le jour et la nuit. J'avais hâte !

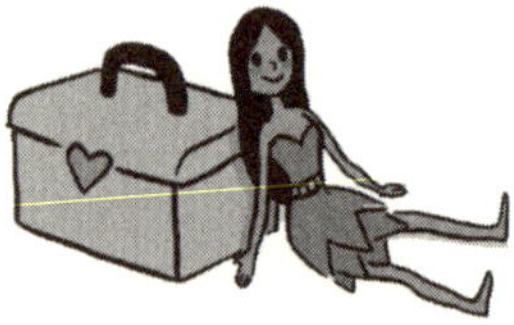

Avant de commencer cette transformation, il était indispensable que je me débarrasse de mes poupées. Une telle décision représentait un énorme bouleversement dans ma vie parce que les Monster High, j'y jouais à longueur de journée (parfois la nuit aussi). J'en commandais à chaque anniversaire, à chaque Noël et j'en réclamais en suppliant dès qu'on se rendait au supermarché.

Mais ado, c'était sans poupées. J'étais sûre que Célia n'avait plus aucune poupée dans sa chambre. Je pouvais évacuer mes Monster High le soir même, rien de plus facile. En une demi-heure ce serait fini et on n'en parlerait plus.

J'ai dévalé l'escalier, j'ai déboulé dans la cuisine et j'ai demandé :

– On a un bac en plastique vide ? C'est urgent !

– Pourquoi, tu as envie de vomir, Little-Small ?

– Non, j'ai envie de grandir ! ai-je répliqué du tac au tac.

Mon frère a éclaté de rire comme si j'avais raconté la meilleure blague de l'année. Ma sœur a cligné des yeux derrière ses lunettes comme si le verbe « grandir » n'existait pas dans le dictionnaire. Papa et maman se sont lancé un coup d'œil étonné. Ça semblait les déranger que je change.

Les poupées, au grenier

On ne voyait plus un centimètre de licorne sur le tapis. Un gros tas de poupées attendait d'être évacué. Je sautillais d'impatience. J'étais prête pour le grand rangement et le grand changement de ma vie.

Papa est enfin arrivé avec un bac en plastique.

– Ah merci, je vais pouvoir ranger ! me suis-je écriée.

Il est resté figé sur le seuil de la porte, en constatant l'état de ma chambre avec la montagne de poupées et les accessoires éparpillés. Puis il a commencé une phrase sans la terminer :

– Mais Alice, qu'est-ce que…

Je l'ai tout de suite interrompu :

– Ne t'inquiète pas. Tout va disparaître dans moins d'une minute !

Mon père est maniaque, il fallait le rassurer. Avec lui, on ne peut pas laisser une BD sur le canapé ou son cartable dans la cuisine. À chaque fois qu'il entrait dans ma chambre, il bougonnait :

– Quel bazar ici ! On ne met plus un pied devant l'autre !

Même quand une simple paire de chaussettes sales traînait. Enfin, une seule paire de chaussettes par terre, c'était rare...

Bon d'accord, le tas de poupées sur le tapis était impressionnant. Pour cette fois, maniaque ou pas, papa avait de bonnes raisons de s'inquiéter.

– Un tsunami est passé par là ? a-t-il demandé.

– Exactement, un tsunami d'amie ! Parce que ceci est la conséquence de ma rencontre avec Célia, ma sœur de cœur.

À ma grande surprise, il est resté calme et il a déclaré d'une voix tranquille :

– Alice, si tu veux grandir, il faut que tu apprennes à...

– À ranger. Oui, je sais, ne t'inquiète pas, mes poupées vont disparaître au grenier. Elles n'encombreront plus ma chambre. Elles ne traîneront plus par terre. J'ai enfin trouvé la solution.

Moi qui pensais qu'il serait soulagé que je me débarrasse de jouets pour que ma chambre soit plus facile à ranger, j'ai été étonnée par sa réaction :

– Tes poupées au grenier ! Ah bon ? Tu t'en débarrasses déjà ?

– Pour mettre de l'ordre dans ma chambre, papa ! C'est une bonne idée, non ? Je range donc je change !

– Avec la fortune qu'on a dépensée en poupées ! Tu pourrais les garder encore un peu.

– Bien sûr, je les garde, ai-je assuré. On ne jette rien. Je les regroupe dans le bac, on le monte au grenier et comme ça, plus de problème de bazar !

– Il y a deux semaines, tu as insisté pour qu'on t'en achète encore une.

– Tu comprends papa, je suis grande maintenant, trop grande pour les poupées et les jeux de bébé !

« Les jeux de bébé »… En prononçant cette expression, les sourires assassins de Louane et des BBB me sont revenus à l'esprit et j'ai toussoté comme s'il me restait un morceau de gâteau dans la gorge. Patience, bientôt ce problème ne serait plus qu'un lointain souvenir !

Maman qui partait au cinéma avec la voisine nous a rejoints pour me souhaiter bonne nuit. Je lui ai expliqué rapidement pour les Monster High, la caisse, le grenier, parce que je savais qu'elle était pressée. Elle aussi a eu l'air déçue par mon annonce. Moi qui croyais leur faire plaisir !

– Tu ne regretteras pas tes poupées si tu les montes au grenier, Aliçounette ? Tu joues encore souvent avec.

– Je « jouais », imparfait du verbe jouer ! Maintenant, c'est fini. Je veux qu'on arrête de me prendre pour une minus !

– Personne ne te considère comme une minus ! Qu'est-ce que tu racontes ?

– Au contraire, tout le monde me prend pour une minus ! Il faut que ça change ! Je suis sûre qu'à mon âge, Margaux ne jouait plus à la poupée.

– Margaux n'y a jamais joué, a-t-elle rétorqué. Et puis chacun grandit à son rythme. Il ne faut pas être pressée.

– C'est parfaitement mon rythme ! Terminé, les poupées, c'est décidé !

Grrr… Quand maman affirme qu'il ne faut pas être pressée, en réalité, ça signifie : « Reste encore un bébé, pour faire plaisir à ta maman qui aime tant les bébés, les bisous et les bouts d'chou. » Et moi je ne veux plus être un bébé, ah ça non !

– Bon, on reparlera demain des poupées, a conclu maman en consultant l'heure sur son téléphone.

Elle m'a adressé un bisou que j'ai esquivé en tournant la tête. C'était fini les bisous entre nous. Et elle est partie.

J'ai fait exactement ce que j'avais prévu, sans écouter les réserves de mes parents : j'ai fourré les Monster High et leurs accessoires dans la caisse en plastique en tassant bien pour que tout rentre. En dix secondes, j'ai réuni les pièces éparpillées du lycée que je n'avais pas eu le courage de rassembler. J'ai posé le couvercle. Clac, on n'en parle plus !

J'ai sorti la caisse de ma chambre et papa l'a montée au grenier pour qu'elle n'encombre pas le couloir.

Je suis rentrée dans ma nouvelle chambre qui m'a paru toute vide. Waouh, quel changement ! Et j'ai murmuré à mon miroir :

– Bravo Alice ! Tu as pris la bonne décision. On y voit déjà plus clair dans ta chambre. Maintenant tu vas pouvoir grandir en toute liberté.

Je me suis brossé les dents en vitesse et je me suis jetée sous ma couette, pressée d'être au lendemain. J'avais hâte de retrouver l'école pour annoncer ma décision à Joséphine et à Noé : devenir ado à dix ans pour ne plus jamais passer pour un bébé. J'étais trop contente de mon hihihidée.

Bon d'accord, il faudrait que j'arrête avec mon hennissement, ça faisait trop gamine. Ça, c'était avant... À partir de maintenant, le prochain qui me demanderait d'imiter le cheval, je lui répondrais « ouaf ouaf » ou « miaou miaou » et on arrêterait de me le réclamer. Il faut savoir ce qu'on veut dans la vie ! Rester accrochée à ses petites habitudes ou larguer les amarres quand on en a vraiment marre.

Grave gamins, ces garçons

C'est trop drôle, tu te réveilles un matin et tu as l'impression d'avoir grandi de dix centimètres pendant la nuit. Le mardi, en posant un premier pied sur le tapis (le droit, je fais toujours attention), j'ai senti que je n'étais plus la même Alice que la veille. Je n'avais pas seulement dix heures de plus. J'avais... cinq ans de plus ! J'étais passée de dix ans à quinze ans. Quinze ans, comme Célia, ma sœur de cœur.

J'ai ouvert mon armoire pour m'habiller et je l'ai refermée aussitôt : mes vêtements me paraissaient trop bébés et trop serrés, à l'exception de mon tee-shirt zèbre qui était dans le bac à linge sale.

J'ai donc frappé à la porte de la chambre de Margaux pour qu'elle me dépanne. J'appelle cette chambre le Margauxland : les affaires sont rangées, alignées, classées, dépoussiérées. Et je n'ai pas le droit d'entrer dans le Margauxland sans l'autorisation de ma sœur.

Margaux était occupée à remplir son sac de cours. J'ai demandé :

– Tu me prêtes un pantalon et un tee-shirt, s'il te plaît ? Je n'ai plus rien à me mettre.

J'ai bien pensé au « s'il te plaît », formule magique indispensable pour obtenir un service de Margaux. Sans le « s'il te plaît », c'est un refus assuré.

Elle a répliqué :

– Tu m'étonnes, ton armoire est pleine à craquer !

– Mes vêtements sont trop serrés, trop courts, trop moches, je ne me sens pas à l'aise dedans.

– Du jour au lendemain ?

– Parce que j'ai grandi cette nuit.

Heureusement, ma sœur était pressée et je n'ai pas eu besoin d'expliquer.

– Je n'ai pas le temps, je dois partir. Essaie ce haut à rayures et ce denim, c'est ce que j'ai de plus petit. Mais tu ne les abîmes pas !

– Promis ! Merci, grande sœur !

Je n'ai pas oublié le « merci » ni le bisou en passant. C'est indispensable si je veux lui redemander un service plus tard.

– De rien, petite sœur !

Elle a souri en voyant qu'elle me faisait autant plaisir avec juste un pantalon et un haut.

J'ai essayé les vêtements sur place tellement j'étais contente et je me suis contemplée dans le miroir de son placard.

– C'est du 16 ans mais ils me vont super bien ! me suis-je exclamée.

– Tu plaisantes, tu nages dedans !

– Au contraire, je me sens à l'aise ! Ma taille, c'est du 16 ans maintenant.

Elle m'a examinée par-dessus ses lunettes et a murmuré :

– Ce ne serait pas plutôt pour plaire à un certain...

– N'importe quoi !

Elle faisait allusion à Lucas Oliveira, notre voisin. Mais je n'ai jamais été amoureuse de lui.

Ma sœur m'a aidée à retrousser les manches du tee-shirt et le bas du pantalon. Puis elle a tiré sur sa housse de couette que j'avais légèrement froissée en posant mon pyjama. Et on est sorties ensemble de sa chambre.

C'était trop drôle de se sentir grande d'un coup ! Et ce n'était pas qu'une question de taille. Mon caractère aussi a changé du jour au lendemain. Les garçons de mon âge m'ont paru soudain très gamins.

Avant j'étais gentille avec Lucas Oliveira, avec qui on organisait les trajets d'école. Je lui soulevais le siège de devant, je refermais la portière derrière lui et on entrait côte à côte dans la cour même si on n'est pas super copains.

Mais ce matin-là, j'avais changé et je n'ai pas aimé quand il m'a dit :

– Tu as mis ton pantalon de clown aujourd'hui, Roussel ? Il est super large.

– C'est la mode, tu ne savais pas ?

Roussel, grrr... En plus, il m'avait appelée par mon nom de famille et je déteste ça.

Comme j'étais pressée de retrouver Joséphine et Noé pour leur annoncer ma grande décision, j'ai foncé dans la cour de l'école sans l'attendre.

Lucas ne se gênait pas pour faire pareil quand c'était son père qui nous déposait. Quelques jours avant, il m'avait même claqué la portière sur le pied, puis il avait dit, l'air faussement désolé :

– Scuse Roussel, j'avais oublié que t'étais là !

On était voisins mais pas copains, même si Margaux et Paul étaient persuadés que j'étais secrètement amoureuse de lui, ce qui était archifaux. Je n'avais aucun amoureux, il n'y avait rien à me faire avouer. On allait ensemble à l'école, c'était tout.

En fait, Lucas Oliveira m'en voulait depuis l'année dernière quand je lui avais donné deux coups de cravache sur le dos.

On était avec Joséphine dans le jardin, on jouait au centre équestre, sans embêter personne. Lucas avait grimpé sur le mur et imité mon cri du cheval pour se moquer.

Je l'avais menacé avec la cravache.

Il avait continué.

J'avais donc mis mes menaces à exécution.

Plus tard, il était revenu avec sa mère et j'avais dû m'excuser pour les deux traces rouges qu'il avait sur le dos.

Ensuite, j'avais essayé d'être gentille. Sauf que ce matin-là, comme j'avais décidé de grandir, je n'ai pas fait attention à ce petit gamin qui ne m'intéressait pas. J'étais trop impatiente de retrouver Joséphine. Mais ma copine n'était pas encore arrivée.

Grrr... je déteste attendre alors que je suis pressée. C'est dix fois plus difficile que d'attendre en temps normal. Joséphine est toujours en avance à l'école mais ce jour-là, elle n'était pas dans la cour. Noé non plus. Lui, c'était normal, il surgit souvent à la dernière minute quand il fait un détour par la boulangerie.

Je tenais à leur annoncer ma grande décision avant de monter en classe. Sinon, je me connaissais, je ne penserais qu'à ça jusqu'à la récré pour ne pas oublier la moitié de ce que j'avais en tête et je n'arriverais pas à écouter un mot de ce qu'expliquerait la maîtresse.

Je ne suis pas comme Joséphine qui n'oublie rien. Ma copine sait combien il y a de marches pour monter en classe, elle retient toutes les explications de Mme Leprat et elle se souvient des moindres détails du jour où on est devenues amies : la date, l'heure, ce que j'ai dit, ce qu'elle a dit, le temps qu'il faisait, comment j'étais habillée, comment j'étais coiffée...

Moi, c'est le contraire. Je vois la vie en beaucoup plus flou et je mélange tout : le menu du lundi et celui du mardi, 6 fois 8 et 9 fois 7, si Joséphine va chez son père ce week-end ou si elle y est déjà allée le week-end dernier... Alors vraiment, pour que j'explique tout correctement, il fallait qu'elle se presse.

Dès que Noé et Joséphine sont entrés dans la cour, je me suis précipitée à leur rencontre et j'ai déclaré :

– Le premier qui trouve ce qui a changé chez moi a gagné !

– Ta queue de cheval ! a répliqué Joséphine. Elle est plus haute que d'habitude.

– Faux… mais il y a un rapport avec la hauteur.

– Tu as mis un pantalon d'alien ! a plaisanté Noé.

– Qu'est-ce que vous avez avec mon pantalon ? Il me va très bien !

– Si tu veux passer pour une alien, oui.

– Bon, vous donnez votre langue au chat ? J'ai pris la plus grande décision de ma vie. À partir de maintenant, tout va changer. J'ai décidé de…

– D'arrêter les bonbons ? m'a interrompue Noé.

– On peut parler sérieusement ?

Noé m'agaçait à se moquer de moi dès que je prononçais un mot. Il a sorti de sa poche un sachet rempli de bonbons et il a ajouté :

– Dommage, on sera obligés de les manger à deux avec big-alien !

– J'ai décidé de grandir, ai-je annoncé sans me laisser déconcentrer.

Joséphine s'est figée net, même sa queue de cheval était statique. Puis elle s'est esclaffée :

– On ne décide pas de grandir ou de ne pas grandir !

– Moi si ! Et attention, je vous préviens, je vais grandir très vite.

Joséphine m'a dévisagée avec des yeux aussi énormes que ceux de nos poupées Monster High.

– Comment tu comptes faire ? a-t-elle demandé.

– Manger de la soupe au petit-déjeuner ? a interrogé Noé.

Ses moqueries m'énervaient. J'ai soupiré :

– Arrête avec ton humour de gamin, Noé ! Je ne parle pas de la taille mais de la mentalité. Je crois que ça te dépasse ! Va partager tes bonbons avec les copains qui ont ton âge mental et fiche-nous la paix. On a des choses à se dire entre filles.

Noé a enfoncé sa casquette sur sa tête comme si je l'avais soufflée avec mes paroles.

J'ai attrapé Joséphine par le bras et je lui ai expliqué mon projet :

– Je veux que tout le monde sache que je ne suis pas un bébé. Tu saisis mon problème ?

– Moi, c'est le contraire, a-t-elle répliqué. J'aimerais que mes parents se rendent compte que je n'ai que dix ans et que je ne peux pas toujours être responsable de mon demi-frère et de tout le reste. Comment tu vas faire ?

– C'est simple, j'ai décidé de devenir ado dès maintenant.

– Tu es trop jeune.

– Pas du tout ! J'ai déjà accompli une première étape : j'ai monté mes poupées au grenier.

– Mais on ne pourra pas jouer au grenier. C'est plein de poussière.

– Eh bien justement, j'arrête d'y jouer ! De toute façon, j'en avais marre des poupées. Pas toi ?

– Ben... non.

– Il faut évoluer dans la vie. Si on fait toujours la même chose, on s'ennuie.

– Parce que tu t'ennuyais ?

J'ai poussé un profond soupir et j'ai déclaré :

– Depuis que j'ai rencontré une fille qui s'appelle Célia, j'ai beaucoup changé. On est des sœurs de cœur, elle et moi.

– Célia ?

– Tu ne la connais pas, je te la présenterai. Elle a quinze ans. On ne s'est vues que deux fois mais on s'adore déjà, tu ne peux pas imaginer ! Je suis sûre qu'elle te plaira.

Soudain, ma copine est devenue très sérieuse comme quand on est en classe et qu'il est impossible de lui soutirer un sourire même avec la plus drôle des grimaces ou le plus rigolo des dessins sur un bout de papier. Mme Leprat se dirigeait vers notre rangée. Joséphine est partie sans m'attendre. Elle me faisait la tête parce que je voulais grandir ? Mais on a le droit de changer dans la vie, ce n'est pas interdit !

Ni bébé, ni BBB, c'est pas compliqué

Je n'étais pas désespérée. Quand on se brouille avec sa meilleure copine, ça ne dure jamais longtemps. Je savais qu'à la prochaine récré, Joséphine reviendrait me raconter ses secrets.

J'ai pris mon cartable et, comme d'habitude, je me suis placée à côté d'elle dans le rang. Je lui ai lancé :

– Je montrerai aux BBB que je ne suis pas un bébé ! Ni un bébé, ni une BBB !

J'ai souri, contente de mon jeu de mots. Dans mon dos, une voix désagréable m'a fait sursauter :

– C'est qui les BBB ?

Louane et ses copines étaient derrière nous. En temps normal, j'aurais bredouillé : « Hein ? Euh... c'est... rien rien ». Mais là, sans doute parce que j'avais grandi pendant la nuit, j'ai répondu l'air sûre de moi :

– Comment, Louane ! Tu ne sais pas qui sont les BBB ?

Les filles ont eu l'air encore plus bêtes que d'habitude, les yeux dans le vague et la bouche entrouverte.

J'ai jeté un coup d'œil à Joséphine pour vérifier si elle avait remarqué avec quelle assurance je leur avais cloué le bec, mais elle n'a eu aucune réaction. Elle était encore fâchée.

En classe, je me sentais mal. Le jour même où j'avais décidé de grandir, Joséphine ne me parlait plus ! En plus, cette peste de Louane qui était derrière moi reniflait exprès pour m'énerver, alors que je lui avais dit cent fois d'arrêter. Je comprenais Margaux qui répétait « mouchoir » quand je reniflais, parce que c'est très agaçant. Au bout d'un moment, je me suis retournée avec ma grimace de pas contente et Louane a aussitôt meuglé :

– Tu veux ma photo ?

– Et toi, tu veux mon kleenex ?

– Tu veux ma main dans ta figure à la récré ?

– Pourquoi t'attends la récré ?

Notre échange a cessé quand la maîtresse m'a demandé de regarder le tableau. J'ai souri intérieurement, fière d'avoir tenu tête à Louane. J'avais eu le dernier mot et je n'avais pas été impressionnée par ses menaces.

Je fixais le tableau mais je n'étais pas du tout concentrée sur la nouvelle leçon de conjugaison concernant le futur. Des événements plus importants occupaient toute la place dans mon cerveau : je commençais mon adolescence. Mon futur personnel me préoccupait bien plus que le futur de l'indicatif.

Au bout d'une demi-heure qui m'a paru durer douze heures, j'ai braqué mes yeux vers Joséphine et je lui ai adressé un microsourire. Enfin, elle a glissé un regard dans ma direction pendant un quart de seconde. J'ai essayé la télépathie, habituellement ça fonctionne entre nous.

J'ai envoyé :

– On s'amusera encore super bien, Joséphine, crois-moi ! J'ai plein de nouvelles idées pour nous deux. Ne regrette pas les poupées.

Mais cette fois elle n'a pas reçu mon message. Elle a réajusté sa queue de cheval et a détourné les yeux vers le tableau. Ma meilleure copine n'allait quand même pas me lâcher le premier jour de ma nouvelle vie !

Soudain, j'ai reçu une boulette de papier dans l'oreille. Elle a roulé sur mon cahier jusqu'à la colonne des terminaisons des verbes du premier groupe. D'abord je ne l'ai pas touchée, comme si elle pouvait exploser au moindre contact. Et puis j'ai aperçu de l'encre et des lettres alors je l'ai dépliée délicatement. Mes lèvres ont articulé le message qui y était inscrit :

RDV le jour de la sortie à Paris.
Garde tes kleenex, tu en auras besoin.
Louane

J'ai haussé les épaules et j'ai souri d'un seul côté de la bouche pour imiter la grimace de Louane, tout en ayant l'air bien concentrée sur les terminaisons des verbes du deuxième groupe. Pff ! Toujours des menaces ! Cette fille parle beaucoup mais n'agit pas… Contrairement à moi !

Et puis il y avait plus grave que le message de la plus bête des BBB : ma meilleure copine était encore fâchée, je devenais vraiment inquiète.

J'ai essayé à nouveau la télépathie. J'ai fixé ma voisine et j'ai pensé très fort pour qu'elle m'entende :

– Joséphine, tu me fais encore la tête ? Joséphiiine ! Arrête ! Si tu rencontrais Célia, toi aussi tu la trouverais géniale et tu voudrais lui ressembler jusqu'au bout de sa mèche bleue. Dans quelque temps, toi aussi tu auras une envie urgente de changer ta vie. Alors on redevient copines ou quoi ?

Du bleu dans les cheveux, j'en veux

On ne s'est pas parlé de la journée avec Joséphine, à part des banalités comme : « Qu'est-ce qu'on mange à la cantine ? » ou « On a quoi comme leçons pour demain ? » J'étais inquiète. Sans son soutien, ce serait plus difficile, voire impossible de changer.

Afin de me réconcilier avec elle, en rentrant de l'école, je me suis installée à mon bureau pour fabriquer Chocolat en pâte Fimo. Chocolat est mon poney adoré, il n'a qu'un seul défaut, il n'écoute rien en balade dès qu'il voit de la nourriture (comme moi !). Avec Joséphine, on avait projeté de monter un centre équestre miniature. Mais je n'arrivais pas à réaliser un cheval en entier et j'avais abandonné. J'avais déçu ma copine.

Soudain Margaux est entrée dans ma chambre pour me déposer une feuille d'exercices. Elle s'est esclaffée :

– Tu ne joues plus à la poupée mais tu fais encore de la pâte à modeler !

– De la pâte à modeler ? me suis-je étranglée. C'est de la pâte Fimo, figure-toi ! Et c'est difficile.

Elle m'a lancé un coup d'œil par-dessus ses lunettes, avec un petit sourire, et elle est partie en chantonnant. Sa moquerie ne m'a pas empêchée de continuer.

Au bout d'une heure de concentration intense, j'avais les nerfs à vif et j'avais envie de courir au galop dans le jardin en poussant mon cri du poney en liberté. Je m'appliquais pour la vingtième fois à fixer la dernière jambe de Chocolat sans détacher les autres quand, soudain, j'ai entendu une voix douce s'extasier :

– Il est trop chou, ton petit chien !

– Hein ? Quel petit chien ?

J'ai sursauté et le poney a explosé en morceaux sur le bureau. Mon beau poney que j'avais presque terminé !

Et puis en me retournant, j'ai souri et j'ai serré mes poings en criant :

– Célia ! Tu es là !

– Je venais montrer à Paul une belle image que j'ai trouvée pour notre exposé mais il n'est pas encore rentré du judo. Tans pis, je lui donnerai demain au lycée.

– Reste un peu, on va discuter !

– Tu étais occupée, je ne veux pas te déranger.

– Tu ne me déranges jamais !

J'ai fermé la porte pour qu'on soit tranquilles. J'étais trop contente de revoir ma grande sœur de cœur. Elle était si jolie et elle avait de si beaux cheveux ! Et si je lui proposais une petite coiffure de ma spécialité ? Je pourrais tenter une tresse en couronne, elle a les cheveux assez longs.

– J'ai pensé à toi, a-t-elle soupiré.

– Moi aussi ! J'ai beaucoup pensé à toi !

– J'ai acheté ces petites choses...

Elle a attrapé un sachet rose dans la poche de son sac et me l'a tendu.

– C'est pour moi ?

– J'ai vraiment apprécié notre discussion la dernière fois. Je me suis dit : « Tiens, je vais faire plaisir à ma petite sœur de cœur ! »

J'ai ouvert le sachet rose et j'ai jeté un coup d'œil à l'intérieur. Mon cœur s'est mis à palpiter et mes papilles à saliver : le sachet était rempli de bonbons de toutes les couleurs et de toutes les tailles. Miam !

– Tu les as trouvés au centre commercial ?

– Exactement !

C'étaient les bonbons qui avaient l'air si délicieux qu'ils me mettaient l'eau à la bouche quand on passait devant le magasin, ceux que maman ne voulait jamais acheter, même quand je la suppliais.

– Mes bonbons préférés, merci ! me suis-je écriée.

– J'ai droit à un bisou ?

Je lui ai sauté au cou. Elle était super géniale ma grande sœur de cœur ! J'avais tellement envie d'être comme elle !

– Bon, on commence la dégustation ? a-t-elle demandé.

Je me suis laissée tenter par un gros nounours bicolore. Elle a pioché une fraise géante et a lancé :

– Tchin, à notre rencontre !

– À notre rencontre ! ai-je répété, toute contente.

J'ai croqué la tête du nounours. Un délice ! Célia a retiré son casque de musique, elle s'est assise en tailleur sur le lit et m'a fait une place à côté d'elle. Je me suis installée en gardant l'œil sur la porte au cas où quelqu'un entrerait et me surprendrait en train de me goinfrer de bonbons juste avant le dîner.

Pendant que j'engloutissais un dentier délicieusement sucré, Célia a déclaré :

– Je serais contente de te rendre des services. À ton âge, j'aurais aimé avoir une grande sœur qui m'écoute et me protège. Tout va bien dans ta vie ? Personne ne t'embête à l'école ?

– Chi, Louane, ai-je répondu avec le dentier dans la bouche avant de l'avaler. Je la déteste ! Elle m'a traitée de bébé devant tout le monde. Mais je ne me suis pas laissé marcher sur les pieds, elle ne recommencera pas.

Je ne lui ai pas parlé des menaces, je ne voulais pas qu'elle s'inquiète.

– Si tu as besoin d'aide, je peux te donner des conseils.

– Ce n'est pas la peine, merci quand même.

– Du moment qu'elle ne cherche pas la bagarre, c'est le principal.

Un frisson glacial m'a parcouru le corps comme une décharge électrique, du bout des orteils à la pointe de la queue de cheval. J'ai répété, la bouche sèche :

– La bagarre ?

– J'ai déjà vécu ça avec une fille à ton âge ! C'était horrible. Tirage de cheveux, baffes, cris, griffures, la totale…

– La totale ?

– Entre nous, ça défoule, elle était trop pénible.

– Louane aussi ! Mais je ne veux surtout pas me battre avec elle.

– Après, ça l'a calmée. Et on est presque devenues copines. Au moins, la bagarre nous a servi à quelque chose.

– Quand même… Je ne voudrais pas qu'on en arrive là. Je ne me suis jamais battue. Je ne sais même pas comment on fait !

– On apprend vite, ne t'inquiète pas pour ça !

Des images de bagarres envahissaient mon cerveau et je n'avais pas de solution pour régler ce problème. Sans réfléchir, j'ai replongé la main dans le sachet. J'ai attrapé un fil piquant et je l'ai englouti. Une bagarre, c'est un cauchemar ! Louane est plus grande que moi, elle va me réduire en purée. Comment l'éviter ?

J'étais en train de m'étrangler avec le fil piquant dans la bouche et cette histoire de bagarre quand Célia a changé de sujet et m'a demandé :

– Dis-moi tout, ma petite sœur de cœur : est-ce que tu as un amoureux ?

– Les garçons de ma classe sont trop bêtes ! ai-je répondu après avoir avalé d'un coup le fil piquant.

– Oui, mais ailleurs, il y a bien un garçon que tu apprécies !

J'ai fait mine que non. Elle a insisté :

– Vraiment personne ? Ce n'est pas possible ! Tu as forcément un amoureux. Tu ne veux pas m'en parler ?

– Mais non, je t'assure !

– Je ne répéterai rien, promis.

Comme elle avait l'air déçue, j'ai cherché quel était le garçon qui me plaisait le plus. Noé ? Non, pas lui. Il était sympa, on rigolait bien ensemble même s'il était un peu gamin, et pourtant je n'étais pas amoureuse de lui.

Soudain un visage m'est venu à l'esprit et mon cœur s'est mis à battre deux fois plus vite. J'ai murmuré :

– Au centre équestre...

– Ah voilà !

– Mais il a un an de plus que moi.

– C'est génial ! Il s'appelle comment ?

– Augustin Meyer. Il est dans le cours avant le mien, le mercredi.

– Il est beau ?

– Ben oui !

– Et il est sympa ? Tu as déjà parlé avec lui ?

J'ai fait signe que non.

– Il faut absolument que tu l'abordes.

– Que je l'aborde ?

Je ne connaissais pas le mot « aborder ». J'ai pensé à l'expression des pirates « À l'abordage » et je ne me voyais pas lui sauter dessus ! Elle m'a expliqué :

– Il faut que tu lui adresses la parole.

– Pourquoi ?

– Pour faire connaissance !

– Ah oui, d'accord.

– Et en même temps, tu lui montres que tu l'apprécies. Je suis sûre qu'il sera content. Parce que tu es une très jolie fille. Et tu serais encore plus jolie avec… une petite mèche bleue, comme moi !

– Oh oui, j'adore ta mèche !

– Si tu adores, alors… j'ai autre chose pour toi.

Elle a sorti de son sac à main un flacon de teinture bleue pour les cheveux.

– J'en veux ! ai-je hurlé en sautant sur mon lit.

– Demande l'autorisation à tes parents et la prochaine fois que je viens, je m'en occupe.

– La prochaine fois ? Mais je ne pourrai jamais attendre ! En plus, demain je vois Augustin au centre équestre. Je serai tellement plus jolie avec une mèche bleue comme la tienne pour l'aborder !

– Bon, si tu insistes…

– Oui j'insiste, oui oui oui ! ai-je supplié.

– C'est bien parce que tu es trop mignonne, ma petite sœur de cœur. Assieds-toi devant le miroir. Quelle mèche veux-tu ?

J'ai détaché ma queue de cheval et je lui ai montré une mèche sur le côté. Célia a appliqué le produit. Mon cœur battait à toute vitesse. On a attendu que le produit agisse. Les minutes m'ont paru durer une éternité tellement j'étais impatiente.

Vingt minutes plus tard, quand j'ai vu mon nouveau visage dans le miroir, je me suis écriée :

– C'est moi dans le miroir ? Génial !

– Le résultat est très réussi. Tu es super belle.

– En plus, je ressemble à ma poupée Spectra. Euh… mon ancienne poupée.

Célia a saisi sa mèche et a touché la mienne en disant :

– Tchin ! Maintenant on est exactement les mêmes, ma petite sœur de cœur.

– Tchin, grande sœur de cœur !

Elle m'a photographiée avec un super appareil jaune qui réalise des tirages instantanément. J'adorerais avoir le même.

Elle m'a donné les photos et je les ai accrochées au-dessus de mon bureau, à côté du calendrier avec les chevaux.

Et puis elle est rentrée chez elle parce qu'il était tard. Je suis descendue dîner après avoir caché les bonbons dans l'armoire, derrière ma pile de pulls pour que personne ne m'en pique. J'avais hâte de découvrir ce que ma famille allait penser de mes nouveaux cheveux.

Et est-ce qu'Augustin Meyer du centre équestre me remarquerait avec ma belle mèche bleue ? Lui, le seul garçon qui faisait battre mon cœur.

Aïe… love you

À l'instant où j'ai ouvert la porte de la cuisine pour le dîner, la conversation s'est arrêtée net. Mon père, ma mère et ma sœur m'ont examinée fixement. Je me suis assise et j'ai bu un grand verre d'eau. Les bonbons de Célia m'avaient donné une de ces soifs !

Margaux a brisé le silence :

– Qu'est-ce que tu as fait à tes cheveux ?

– Ah ! La mèche bleue ! Elle est jolie, non ?

– C'est horrible ! Qui te l'a teinte ?

– C'est ma sœur de cœur, Célia.

– Ta « sœur de cœur » ? Qu'est-ce que tu racontes ?

– Célia me fait profiter de ses conseils et elle est super sympa avec moi.

– Tu ne peux pas aller à l'école comme ça demain !

À cet instant, Paul est rentré du judo et il s'est esclaffé en sortant son téléphone pour me prendre en photo :

– Trop fort, Little-Small ! Je l'envoie sur Insta. Et en titre, je mets : « Ma petite sœur fait de la peinture. »

Puisque mes parents restaient les yeux écarquillés, ma sœur a crié :

– Et vous, vous ne dites rien ! Vous avez vu ses cheveux ?

– C'est vrai, a maugréé maman. Tu aurais pu nous en parler avant.

– Il faut la punir. Elle vous provoque.

– Ça lui passera…

– Tu as nettoyé après ? a demandé papa.

– Ils vont se moquer d'elle à l'école, a continué Margaux. Et la maîtresse, comment elle va réagir ? Elle va l'exclure ! Il faut trouver un coiffeur ouvert le soir.

Pendant que mes parents rassuraient Margaux, l'image d'Augustin Meyer sur son cheval me trottait dans la tête. C'est drôle, avant je ne pensais jamais à lui. Mais depuis ma décision de grandir, depuis que j'avais parlé de lui à Célia, tout avait changé. Je me sentais très amoureuse. Je m'imaginais avec lui sur son cheval, en train de le serrer à la taille. Célia avait raison, il fallait absolument que je l'aborde pour lui exprimer mes sentiments.

Le lendemain matin, en entrant dans la cour, j'étais très fière de l'effet que produisait ma mèche bleue. Les élèves se retournaient sur mon passage. Les BBB m'ont suivie du regard, bouche bée. Claire, Lily et Diamara m'ont complimentée en disant :

– La couleur de ta mèche va super bien avec tes yeux !

Noé s'est exclamé :

– Au secours, il y a une perruche dans la cour !

Ça ne m'a pas étonnée de lui. Oliveira aussi, ce pur gamin, m'avait demandé dans la voiture :

– Tu vas à l'école des clowns, Roussel ?

À mon arrivée, Joséphine n'a manifesté aucune émotion particulière, comme si tout était normal. Mais j'ai deviné à un mouvement de ses yeux, imperceptible pour une personne autre qu'une meilleure copine, qu'elle a tout de suite remarqué ma mèche bleue et l'a trouvée jolie.

À la récré de dix heures, Louane a encore essayé de me recruter. Elle a touché mes cheveux colorés, m'a demandé où j'avais acheté cette couleur originale et m'a proposé de les rejoindre près du banc pour papoter. J'ai répondu « peut-être » mais cette invitation sentait le piège et je me fichais d'appartenir à leur groupe. Je voulais juste la paix.

L'après-midi, je me suis rendue exprès en avance au centre équestre pour croiser Augustin Meyer et l'aborder. J'avais prévenu Joséphine le matin même que je viendrais tôt au manège pour assister à la fin du cours précédent. On n'était pas vraiment réconciliées mais quand je suis arrivée, elle était déjà là.

Augustin Meyer était le meilleur cavalier de son groupe et, en l'observant, mes yeux prenaient la forme de cœurs. Je suivais ses déplacements comme s'il était seul sur la piste. Se rendait-il compte que j'étais là pour lui ?

Une fois le cours terminé, les cavaliers sont sortis à la queue leu leu avec leur cheval. Augustin Meyer ne regardait pas dans ma direction. Je n'avais pas la possibilité de lui adresser la parole. Il ne pouvait pas remarquer que je le fixais intensément.

Par chance, en passant devant moi, un paquet de chewing-gums a glissé de sa poche. Je me suis précipitée pour le ramasser et je l'ai présenté à Augustin en lui demandant :

– C'est à toi ? Il est tombé par terre.

Il a posé ses yeux verts sur mes yeux, sur ma mèche puis sur les chewing-gums et il s'est exclamé :

– Cool !

Au moment où il a saisi le paquet, au lieu de le lui donner normalement, mes doigts se sont crispés et n'ont pas lâché les chewing-gums. Je ne contrôlais plus mes gestes, j'étais trop troublée. J'ai crié dans ma tête : « Célia, au secours ! »

Il a eu un sourire gêné et m'a interrogée :

– T'en veux un ?

– Non, oui, peut-être...

Mes doigts ont enfin lâché le paquet.

– Tiens !

Il m'a tendu un chewing-gum et je l'ai pris d'une main tremblante. Joséphine était à côté de moi et je devinais qu'elle en aurait bien voulu elle aussi.

J'ai retiré le papier et au lieu de mettre le chewing-gum dans la bouche, j'ai gobé l'emballage. Augustin a fait une drôle de tête mais je me suis rattrapée aussitôt, j'ai craché le papier et mangé le chewing-gum.

Maintenant qu'on avait fait connaissance, c'était le bon moment pour lui montrer que je l'appréciais. Célia serait fière de moi quand je lui apprendrais que j'avais osé. J'ai pris une grande inspiration et au moment où un son allait sortir de ma bouche, il m'a demandé :

– Tu restes là ?

– Oui… enfin non, je vais chercher mon poney.

– Ça va ?

– Super, je…

Il me fixait droit dans les yeux. J'ai enroulé ma mèche bleue autour de mon index pour la mettre en valeur.

– T'es sûre que ça va bien ? a-t-il insisté.

– Depuis le temps que je rêve de…

– De quoi ?

– Eh bien de…

– De marcher dans le crottin ? Tu es comique comme fille, toi !

J'ai aussitôt senti le malaise. Sous mes pieds, il y avait quelque chose de mou et collant. J'ai baissé les yeux : mes bottes s'enfonçaient dans un gros tas de crottin et je ne m'étais rendu compte de rien.

Augustin a éclaté de rire et il est parti pendant que j'essayais de nettoyer mes bottes. Ma déclaration n'était pas une totale réussite et j'ai gardé longtemps la sensation du crottin de cheval sous mes pieds.

Joséphine, qui avait assisté à la scène, a été sympa avec moi, elle n'a ajouté aucun commentaire et on a préparé nos poneys ensemble.

En brossant Chocolat, j'ai pensé que désormais, il faudrait passer à la vitesse supérieure si je voulais mener à bien mon projet d'entrer dans l'adolescence avant l'âge. Qui dit adolescence, dit crise. Et pour l'instant, je n'avais fait qu'une petite crisounette de rien du tout.

Ça y est, c'est la criiise !

Quelques jours plus tard, je me suis levée de très mauvaise humeur, sans trop savoir pourquoi. J'ai sûrement posé le pied gauche en premier sans m'en rendre compte parce que j'avais la tête ailleurs.

J'ai descendu l'escalier à pas d'éléphant. Je n'ai pas dit bonjour en entrant dans la cuisine. La première phrase qui est sortie de ma bouche crispée a été :

– Quand est-ce que j'aurai un téléphone ?

– Ah bon, tu en as besoin ? a demandé maman calmement.

Je déteste quand ma mère fait semblant de ne pas comprendre.

– Évidemment ! La moitié de mes copines en ont un !

– La moitié ? Tu exagères un peu.

– Et pourquoi je n'ai rien pour écouter de la musique, moi ?

– Tu peux passer ta commande pour Noël.

– C'est dans huit mois, Noël ! Super, merci... Et un appareil photo ? Je veux un appareil photo.

– Margaux t'a donné le sien.

– C'est un vieux machin, j'en veux un qui fait des photos tout de suite. C'est trop cool un appareil comme ça. J'en ai besoin pour le voyage à Paris. Vous ne m'achetez jamais rien.

– Et ça coûte combien un appareil qui fait des photos tout de suite ?

– Ah forcément, tu vas encore me répéter que c'est trop cher ou que ce n'est pas utile.

On me répond tout le temps non dans cette famille !

– Non, ce n'est pas vrai.

– Tiens, qu'est-ce que je disais ? Encore un non ! Je demande gentiment des petites choses et vous me refusez toujours tout ! Vous êtes des parents trop nuls. C'est horrible d'appartenir à cette famille. Ça fait des années que je subis ce cauchemar ! Et mon nouveau cartable, c'est pour aujourd'hui ou pour demain ?

– Tu peux poser la question autrement, a dit maman toujours aussi calme.

Je suis sortie de la cuisine en claquant la porte et j'ai même arraché la poignée cassée que papa doit réparer. J'avais drôlement exagéré. Mais qu'est-ce que c'était amusant de piquer une vraie crise !

En général, cette méthode n'est pas très efficace, pourtant cette fois elle a marché. Ma sœur est passée dans ma chambre pour m'apporter son sac à dos qu'elle avait gardé cinq ans et qui était comme neuf. J'étais toute contente avec ce sac de collégienne à la place de mon vieux cartable de petite fille.

Le soir même, papa a déclaré qu'il s'était renseigné sur les prix des appareils photo parce que mes progrès en classe méritaient un petit cadeau. Maman a fait semblant de s'opposer :

– Mais on n'a jamais offert de cadeau pour les notes ! Et puis Alice n'est pas très agréable en ce moment, je n'ai pas envie de la récompenser.

J'ai promis avec mon plus beau sourire :

– Allez maman, je ferai un effort pour le comportement !

Alors papa a sorti de son sac une boîte avec à l'intérieur... un appareil photo bleu turquoise ! Il ne s'était pas seulement renseigné, il l'avait acheté.

– En plus, il est de la même couleur que ma mèche !

Je leur ai sauté au cou. On est tombés tous les trois dans le canapé et on a rigolé. J'ai pris en photo mon frère affalé sur son lit, son casque sur les oreilles, puis ma sœur à son bureau entourée de livres et de classeurs. En entrant dans le Margauxland, j'ai ralenti devant la coiffeuse et je me suis dit que ça faisait longtemps que ma sœur ne m'avait pas montré son maquillage. Elle avait sans doute de nouveaux produits depuis ma dernière visite.

J'ai photographié maman devant son tableau d'iris et papa qui essayait de réparer la poignée de la porte de la cuisine. Enfin, je me suis prise moi-même dans mon miroir magique.

Cette séance de shooting m'a donné une idée pour le programme du mercredi suivant : inviter Joséphine et se mitrailler avec mon nouvel appareil. On se réconcilierait pour de bon et on s'amuserait comme des folles avant l'équitation. J'ai hésité sur la meilleure stratégie à adopter. Devais-je lui envoyer un message ou lui faire la surprise ?

La surprise, c'était mieux.

Mais il faudrait d'abord que maman soit d'accord.

Visite à Margauxland

Le mardi, maman cherchait encore une solution afin de ne pas me laisser déjeuner seule à la maison le lendemain. Ce jour-là, Margaux devait réviser à la bibliothèque et Paul avait réservé des places au Laser game avec notre cousin et leurs copains.

Il suffisait de me demander, j'avais la solution ! Mon idée super géniale était d'inviter Joséphine. On préparerait à manger comme des grandes. Ce serait une première !

Le mardi soir, j'ai supplié maman qui travaillait sur son ordinateur. Les yeux qui clignotent, les piétinements, les « s'il te plaît » à répétition, bref ma technique habituelle.

– Bien sûr qu'on peut se faire à manger toutes seules avec Joséphine et on débarrassera, tu ne te rendras compte de rien ! Je t'en supplie dis oui, dis oui ! Et après on ira ensemble au centre équestre, allez dis oui, maman, dis oui ! De toute façon, on n'a pas d'autre solution. Margaux a besoin de réviser à la bibliothèque, on ne va pas l'obliger à rentrer pour me garder, et Paul a déjà payé sa place au Laser game.

– Bon...

Je connaissais maman. C'était un « bon » qui voulait dire « oui ». J'ai levé les poings et j'ai crié : « Yes ! »

Avant que j'envoie un message à Joséphine, maman a ajouté tout un tas de mais : « Mais vous m'appelez quand vous arrivez, mais demandez à sa mère avant, mais vous ne vous servez pas du gaz, mais vous n'ouvrez à personne, mais vous ne faites pas de bêtises, mais vous n'abusez pas de la tablette mais mais mais… » Mais oui maman, oui pour tous tes mais !

Pourtant, elle avait oublié un « mais » : ne pas entrer dans la chambre de Margaux. Et c'est bien ce que j'avais l'intention de faire. Une petite visite dans le Margauxland sans Margaux pouvait être très instructive pour découvrir cette nouvelle ère, celle de l'adolescence, et évoluer à la vitesse grand V. Quelque chose me disait que cette idée plairait à Joséphine. Déjà elle était d'accord pour venir à la maison mercredi sans savoir quelle surprise je lui réservais. Elle attendait juste ma confirmation.

J'ai emprunté le téléphone de maman et j'ai tapé un message express :

C OK pour dem.
Prends tes affaires d'équitation.

Envoyez !

Et je suis montée me coucher en criant « Hihihi ! » dans l'escalier. Je n'ai pas pu m'en empêcher, même si c'est un truc de gamine que je m'étais juré d'abandonner. Je suis passée devant la chambre de Margaux, mon cœur s'est mis à battre à toute allure et je me suis dit : « Vivement demain midi après l'école ! »

Le lendemain, on s'est très bien débrouillées pour réchauffer les pizzas, Joséphine et moi. On a laissé nos assiettes sur la table sitôt le déjeuner terminé. On était contentes de se réconcilier et de profiter de la maison rien que pour nous. À peine finie notre deuxième crème caramel, je lui ai proposé :

– Si on allait visiter la chambre de Margaux ?

Elle a lâché sa cuillère et son pot :

– C'était ça ta surprise ?

– Elle est pas mal, non ?

– Plus que pas mal ! Carrément géniale !

J'avais remarqué que Joséphine, qui n'a pas de grande sœur, louchait sur la chambre de Margaux chaque fois qu'elle venait chez moi. On est montées aussitôt.

Joséphine a poussé un cri de joie en entrant dans le « Margauxland » :

– Oh là là ! Oh là là ! Oh là là !

– Et tu n'as rien vu. Regarde ça ! Tin-tin ! Trois, deux, un… trésor !

J'ai ouvert la coiffeuse comme si je lui présentais une mallette remplie de lingots. Joséphine a répété plus fort encore ses « oh là là ». On était trop heureuses.

Il faut dire que c'était impressionnant. Avant, Margaux n'avait pas autant d'accessoires de beauté. Je n'imaginais pas qu'elle possédait toutes ces affaires à présent, elle qui ne se maquille presque pas, ne porte jamais de bijoux et ne pense qu'à travailler. Je croyais qu'elle avait juste une trousse de maquillage avec un rose pour les lèvres, un crayon pour les yeux et de la poudre pour les joues.

J'observais les yeux de Joséphine. Ils brillaient devant les tubes, les pinceaux, la palette de fards à paupières, les fonds de teint, les paillettes, les vernis, les démaquillants, les cotons multicolores, les crèmes de soin…

Tout était parfaitement rangé dans les petites cases comme dans un magasin de luxe. On aurait dit que ma sœur n'y avait jamais touché.

– Tu as vu ça ? ai-je demandé à Joséphine.

– Il y en a pour une fortune !

– Qu'est-ce que c'est ? ai-je poursuivi en attrapant un flacon jaune citron. « Un shampoing express sans eau » ? Tu connais ?

Elle m'a fait signe que non. J'ai appuyé dans le vide et une délicieuse odeur de citron nous a chatouillé les narines.

Ensuite, on ne s'est pas gênées. On a ouvert les boîtes et les pots, on a retiré les capuchons et sorti les rouges à lèvres. Ça sentait tellement bon ! On ne s'arrêtait plus.

Et puis, en examinant la bordure du plateau, j'ai eu un pressentiment. J'ai aperçu un espace quasi imperceptible. J'ai abandonné les accessoires de maquillage. J'ai soulevé le plateau pour vérifier. En effet, il y en avait un autre en dessous.

– Bingo ! Un deuxième étage ! me suis-je écriée. Tin-tin !

– Encore un ? C'est du délire !

Il était moins coloré que le premier mais tout aussi instructif : des serviettes hygiéniques et des tampons de toutes les tailles, mini, normal, super... et une collection d'échantillons de parfum. Alors là, on s'est régalées ! On a testé toutes les mini-bouteilles les unes après les autres, puis on a ouvert la fenêtre en grand parce que ça sentait les parfums mélangés dans la chambre.

On s'est aussi maquillées. On a pioché dans les chouchous et les bijoux. Je me suis jetée sur le tube rouge velouté pour me dessiner une jolie bouche, et sur les paillettes que j'ai appliquées sur mes paupières. J'avais très envie d'expérimenter les faux ongles noirs et bordeaux d'Halloween mais je me suis retenue parce que ma sœur risquait de s'apercevoir de leur disparition.

Joséphine débouchait les tubes, les crayons, les flacons. Je nous ai photographiées avec mon nouvel appareil.

Ensuite, on a exploré l'armoire et on a essayé des vêtements très sexy, des chapeaux et des lunettes de soleil. J'ignorais que ma sœur avait tout ça !

Joséphine a pris des selfies avec son téléphone pour garder des souvenirs du plus bel après-midi de notre vie.

Enfin, pour profiter de notre bonheur de ressembler comme deux gouttes d'eau à des ados, j'ai suggéré à ma copine :

– Et maintenant, si on allait faire un tour dans le quartier ?

Comme on est les mêmes, Joséphine et moi, elle m'a répondu :

– J'allais te le proposer !

C'est ainsi qu'on s'est retrouvées dans la rue, habillées et maquillées pour un vrai défilé de mode.

Le ridicule ne tue (presque) pas

Pour défiler dans la rue, on avait besoin de belles chaussures. Nos baskets violettes n'étaient pas assorties au reste. En bas de l'armoire de Margaux, on a repéré une collection de chaussures à talons soigneusement rangées dans leurs boîtes.

– Je prends les escarpins noirs tout neufs, ai-je annoncé aussitôt.

– Ils sont trop grands pour toi, a répliqué Joséphine.

En effet, le problème, c'était la taille : 39 au lieu de 34, la différence était énorme. Mais j'ai eu une bonne idée, j'ai bourré les pointes des escarpins avec le coton pour le démaquillage. Et puis je me suis agrippée à Joséphine pour entrer les pieds dedans sans me casser la figure.

– Alors, tu te sens comment ? m'a-t-elle demandé.

– Super ! Et pour une fois je suis presque aussi grande que toi ! Je peux te regarder dans les yeux sans avoir à lever la tête !

À son tour, Joséphine a choisi une paire de chaussures : des sandales rouges avec des talons aiguilles. Mais elle n'a pas eu de problème de pointure puisque ma copine est très grande pour son âge.

Quand on est descendues dans la rue en titubant sur nos talons trop hauts, la voisine nous a examinées avec des yeux gros comme les oranges de son panier.

– Vous êtes réchauffées, mesdemoiselles !

– C'est bientôt l'été, il faut en profiter ! ai-je répondu.

– Ta mère est d'accord pour que tu sortes dans cette tenue ?

– Oui oui, elle est d'accord.

J'ai poussé Joséphine pour qu'on parte vite parce qu'on avait trop envie d'éclater de rire.

On essayait de marcher le plus naturellement possible sans tomber à chaque pas quand, soudain, Joséphine est devenue aussi sérieuse que lorsque la maîtresse l'interroge. Elle m'a attrapée par le tee-shirt et a chuchoté :

– Au secours, c'est Maéva ! Demi-tour !

Au coin de la rue, Maéva promenait son chien. Je savais qu'elle habitait dans le quartier mais j'ai été bien étonnée parce que je ne la voyais presque jamais sans ses deux copines des BBB. Tout à coup, vue du haut de mes talons, elle m'a paru plus petite que d'habitude.

– On s'en va ! a chuchoté Joséphine.

– Trop tard, elle nous a vues.

– Qu'est-ce qu'on lui dit ?

– On improvise.

– On improvise quoi ?

Des gouttes de sueur perlaient sur le front de ma copine. C'était la panique. Elle ne s'attendait pas à rencontrer une fille de l'école dans la rue, et encore moins une BBB.

J'ai saisi la main de Joséphine pour lui donner du courage et on s'est approchées de Maéva. J'ai dit « salut ! » mais elle est restée muette, la bouche entrouverte comme si ses lèvres étaient en guimauve ramollie. Elle nous a détaillées de la tête aux pieds, l'air estomaquée. Elle n'imaginait pas qu'on était capables de s'habiller de cette façon.

Je me suis accroupie et j'ai caressé son chien :

– Il est mignon !

– Vous aussi, vous êtes mignonnes ! a-t-elle sifflé.

J'ai compris qu'elle se moquait mais je n'ai pas eu le temps de réagir. Elle a poursuivi :

– Tes chaussures sont trop grandes, Alice, et tu ne sais pas marcher sur des talons. Et toi, Joséphine, tu te crois en été avec tes sandales ? Vous êtes ridicules !

– Mais le ridicule ne tue pas ! me suis-je écriée, fière de ma réplique. Tu dois le savoir !

– En plus, ta jupe boudine. En tout cas, pour un spectacle de clowns, vous êtes parfaites !

On s'est regardées avec Joséphine, stupéfaites. Encore une qui me traitait de clown ! J'ai répondu :

– Ah oui ? Et toi, tu fais l'école du rire ?

On est parties en rigolant. De toute façon, il ne fallait pas s'éterniser, il était l'heure d'aller à l'équitation.

On est rentrées à la maison à toute vitesse en essayant de ne pas se tordre de cheville ni de marcher dans une flaque d'eau et on s'est vite changées.

On s'est démaquillées en utilisant la moitié du paquet de cotons.

– Tu t'occupes de l'armoire, moi je range la coiffeuse, a déclaré Joséphine qui est toujours très organisée.

Une fois tout remis en place, on a vu par terre un rouge à lèvres ouvert et tout aplati. Et sur la chaise en tissu, une grosse tache rose m'a sauté aux yeux.

Je me suis précipitée dans la salle de bains pour attraper un gant de toilette dans le placard. Une pile de serviettes a dégringolé. Tant pis, je n'avais pas le temps de la ramasser. J'ai frotté la tache avec le gant mais elle n'est pas partie complètement.

– J'ai une idée ! a lancé Joséphine.

Elle a ouvert le tube de fond de teint beige de la même couleur que le tissu de la chaise et en a appliqué une couche épaisse sur la tache pour cacher le rose.

– Bravo Joséphine, tu as maquillé la chaise ! Sans toi on était cuites.

– Si ta sœur regarde de près, elle verra le raccord.

– On n'a qu'à poser un pull dessus !

– Oui, pas bête.

J'ai attrapé le pull accroché au portemanteau et je l'ai étendu sur la chaise. Maintenant, la tache était bien camouflée. On pouvait partir au centre équestre tranquilles.

En fermant la porte du Margauxland, j'ai demandé à Joséphine :

– On s'est bien amusées, non ? On recommencera ?

– Quand tu veux.

– Mercredi prochain ?

– Mercredi prochain.

On a topé et j'ai rigolé en voyant sa queue de cheval de travers avec les mèches qui s'échappaient. C'était vraiment la plus belle journée de ma vie.

Mais en ouvrant la porte d'entrée, j'ai bondi d'un mètre en arrière. On était nez à nez avec Margaux.

– Tu... tu... ne révisais pas à la bibliothèque ? ai-je bredouillé.

– J'ai oublié mon livre de SVT à la maison. Dépêchez-vous, vous allez être en retard pour le poney !

– Oui, euh, on partait, ai-je répondu en refaisant mon lacet pour qu'elle ne remarque pas les paillettes qui n'étaient pas parties au démaquillage.

Mais ma meilleure amie n'a pas eu ce réflexe et ma sœur lui a demandé :

– Tu te maquilles maintenant Joséphine ?

– Un petit peu, a-t-elle répondu en jetant vers moi un regard affolé.

– Tu as la peau toute rouge, tu es allergique ? Fais attention à utiliser du maquillage de bonne qualité.

Elle n'avait rien soupçonné. On était sauvées. Elle devrait changer de lunettes ma sœur !

On a sauté sur nos trottes sans s'attarder et on a filé au centre équestre. Pourquoi je n'y avais pas pensé avant, aux séances de maquillage ? C'était tellement facile d'avoir cinq ans de plus !

Dommage, ce mercredi-là, Augustin était absent. Il n'a pas pu remarquer les paillettes autour de mes yeux. Je n'ai pas pu lui demander ce que j'avais prévu sur le chemin :

– Tu as un chewing-gum pour moi et pour ma copine ?

Parce qu'à présent, je me sentais vraiment bien plus sûre de moi.

En rentrant du centre équestre, je n'avais plus beaucoup de temps pour m'occuper de mes leçons. Après il y avait le dîner, et le mercredi c'est nous les enfants qui le préparons parce que papa et maman rentrent tard.

Avant que Margaux vérifie mon travail et m'en donne trois fois plus, je me suis installée dans le canapé, j'ai ouvert mon nouveau sac et j'ai attrapé mon agenda. Au programme, une poésie que je connaissais déjà par cœur tellement elle était jolie et le mot à faire signer pour la sortie à Paris, avec ce qu'il fallait apporter, pique-nique, appareil photo, bloc-notes, K-Way...

Soudain, ma sœur est sortie de sa chambre et j'ai sursauté. Je me suis précipitée en bas de l'escalier et je l'ai devancée en criant pour qu'elle n'éprouve pas le besoin de venir m'aider :

– Je connais super bien ma poésie, pas la peine de me la faire réciter !

Du haut de l'escalier avec la lumière allumée, les verres de ses lunettes avaient des reflets. Je ne distinguais pas ses yeux mais je comprenais très bien qu'ils me visaient. Après plusieurs secondes, j'ai deviné ce qu'elle tenait à la main : un tube de rouge à lèvres. Raide comme la tour Eiffel, elle a grincé :

– Alice, c'est toi qui as fait ça ?

Aveux exigés, ça va chauffer

« Il existe une solution à tous les problèmes. Trouve, Alice, vite ! D'accord, tu n'as pas beaucoup de chances de t'en sortir. Tu voudrais disparaître d'un coup de baguette magique. Mais tu n'as pas de baguette magique. »

C'est ce que j'ai eu le temps de me dire pendant que Margaux descendait l'escalier, tenant le tube de rouge à lèvres dans une main et le capuchon dans l'autre. Le bout était tout enfoncé et il était bon à jeter à la poubelle.

J'ai reculé jusque derrière la table de la cuisine pour gagner quelques secondes de réflexion.

J'étais coincée. Je devais subir l'interrogatoire et tout avouer pour notre visite au Margauxland. Avouer, moi ? Grrr...

Margaux a répété sa question :

– C'est toi qui as fait ça ?

– Moi ? Non.

– Et la tache sur ma chaise ?

– Non plus.

– Tu aurais pu au moins nettoyer.

– Mais j'ai nettoyé !

– Donc c'est toi ! Tu me déçois, Alice. Tu es une voleuse et une menteuse !

– Pourquoi tu m'accuses ? Parce que je suis la plus petite ? C'est trop facile !

– Alice, tu es entrée dans ma chambre cet après-midi, oui ou non ?

J'ai touché mon front, je commençais à avoir de la fièvre et à me sentir mal. C'était sans doute à cause de notre défilé. La voisine avait raison, on n'était pas assez couvertes.

Je voulais disparaître sous ma couette, sous mon oreiller et sous toutes mes peluches pour ne plus avoir à affronter cet interrogatoire.

– Es-tu oui ou non entrée dans ma chambre, Alice ? a répété Margaux.

J'ai secoué la tête de gauche à droite.

– Non ? Et ça, qu'est-ce que c'est ?

Elle a sorti de sa poche les photos qu'on avait prises avec mon appareil et les a jetées sur la table. Oups, on les avait oubliées dans sa chambre ! J'étais piégée. Margaux avait des preuves accablantes.

À cet instant, Paul a ouvert la porte de la cuisine. Mon sauveur !

Mais Paul ne faisait pas une tête de sauveur, au contraire. Il avait deux mangas à la main. C'étaient les livres que je lui avais empruntés pendant le week-end et que j'avais oublié de remettre dans sa bibliothèque. Ils traînaient certainement sur ma table de nuit.

– Qu'est-ce que je retrouve dans ta chambre, Little-Small ?

– Des mangas, ai-je murmuré.

– Tu m'as demandé avant de te servir ?

– Je ne sais plus…

– Eh bien non, tu ne m'as rien demandé !

– Joséphine a insisté pour les lire. Moi je n'étais pas d'accord.

– Tu dénonces Joséphine ? Sympa la copine !

Je savais que Paul et Margaux ne disputeraient pas Joséphine, c'est pour cette raison que je l'ai accusée même si ma copine n'avait rien à voir avec cette histoire.

– Vous avez cassé mon tube de rouge à lèvres préféré, a ajouté Margaux. C'est super d'avoir une petite sœur comme toi !

– Joséphine voulait absolument l'essayer, ai-je sangloté. Moi je lui disais « non, on n'a pas le droit », mais elle l'a ouvert quand même et malheureusement un livre est tombé de l'étagère au moment où elle l'a débouché. Et il a atterri pile sur...

Margaux a soupiré très fort en regardant avec nostalgie son tube enfoncé.

– C'est la dernière fois que tu entres dans ma chambre, Alice, c'est bien compris ?

– Oui oui.

– Et dans la mienne aussi, a ajouté Paul.

– Oui oui.

– Tu mériterais d'être privée de sortie à Paris.

Passé un instant de frayeur, j'ai marmonné :

– Trop tard, on a payé. Je suis obligée d'y aller.

– Alors ce soir tu mettras le couvert et tu débarrasseras.

– D'accord. Mais tu peux dire « s'il te plaît » quand même.

– Non, c'est un ordre.

– Il n'y a pas de « s'il te plaît » quand c'est un ordre, a renchéri Paul.

– Je suis l'aînée, je décide ce que tu dois faire.

– C'est malpoli quand même !

Margaux a soupiré :

– Écoute, Alice, tu te crois tout permis parce que tu es la plus petite de la famille. Les parents te passent tout. Mais avec nous, ça ne marche pas, ton petit numéro. Tu as des responsabilités, même à dix ans. Il faut grandir. Réfléchis à ce que je te dis.

– Tu n'es plus un bébé, Little-Small.

– Mais grandir, c'est tout ce que je veux ! ai-je pleuré. C'est vous qui m'en empêchez !

Margaux a eu pitié de moi. Elle m'a prise dans ses bras et j'ai reconnu le parfum sous son pull, c'était celui de la petite bouteille mauve en forme de cœur avec une chaîne dorée. J'ai pleuré encore plus fort.

Je regrettais le temps où on s'amusait toutes les deux avec Margaux, quand elle m'apprenait à danser dans sa chambre, quand elle me photographiait avec son chapeau, quand on comptait le nombre de porte-clés de sa collection. Alors elle m'a serrée encore plus fort et m'a chuchoté à l'oreille :

– Des petits pois-carottes et du poisson pané pour le dîner, ça te dit ?

J'ai serré les poings mais je n'avais plus la force de crier « yes ». Les petits pois-carottes et le poisson pané, c'est notre dîner préféré quand on est entre nous, les enfants de cette maison.

– Je t'aide à mettre le couvert, a lancé Paul en attrapant les assiettes.

J'ai ramassé les photos et Margaux m'a proposé :

– Si tu veux que je t'apprenne à te maquiller, il suffit de me demander. Ça me ferait plaisir, en plus…

– Pareil pour moi, Alice, si tu t'intéresses aux mangas, tu m'en parles et je te conseille.

J'ai secoué la tête de haut en bas. J'avais de la chance d'avoir une sœur et un frère aussi géniaux. Tout s'est arrangé finalement et on a bien rigolé pendant ce dîner sans les parents.

Je croyais avoir vécu le pire moment de mon adolescence précoce. Mais ce n'était rien comparé à ce qui allait m'arriver le lendemain à l'école.

Première croix de l'année, gloups

Le jeudi a très mal commencé. Dès le matin en sortant de la voiture, Oliveira m'a envoyé son cartable dans la figure en le balançant sur son épaule.

– Scuse Roussel, pas fait exprès, il a dit.

Mon œil ! Il m'avait visée et ma tête avait cogné contre la portière. J'étais sonnée. Mais ce n'est pas lui qui a gâché ma journée. C'est Louane, encore elle.

Par sa faute, j'ai eu une croix, la première de ma vie. Je suis super sage en temps normal. C'est-à-dire quand on ne me cherche pas des embrouilles, et à condition que je ne sois pas à côté de Joséphine à qui j'ai toujours un truc à raconter. Bon, d'accord, je suis toujours à côté de Joséphine. Mais notre maîtresse ne nous a jamais punies.

En classe, Louane qui est juste derrière moi m'a embêtée toute la matinée. Elle tapait dans ma chaise avec ses pieds. Au début je n'ai rien dit. Je faisais celle qui ne sentait rien. Je me suis appliquée pour résoudre un problème de géométrie mais j'avais perdu mon équerre. Ce n'était pas ma journée.

Et puis, comme elle a continué après la cantine, pendant l'explication sur les monuments de Paris, j'ai fini par réagir. Je lui ai lancé mes gros yeux avec les sourcils froncés pour lui signifier de se calmer. J'ai placé le sac que m'a donné ma sœur derrière ma chaise. Mais comme Louane cognait avec son pied de plus en plus fort et de plus en plus souvent, à un moment je me suis retournée et j'ai grogné :

– Louane, tu arrêtes maintenant, tu m'embêtes !

– Arrêter quoi ?

– De donner des coups de pied dans ma chaise ! Si tu continues, je vais m'énerver.

– Tu es déjà énervée.

J'avais les joues brûlantes et le cœur qui battait à toute allure. Elle, au contraire, avait l'air très calme. Elle a déclaré tranquillement en faisant cliqueter ses bracelets :

– Pas ma faute, j'ai des grandes jambes.

Je sais à quoi elle pensait, cette girafe : « J'ai des grandes jambes, pas comme toi, bébé. » Elle a souri juste d'un côté. Mes joues se sont mises à chauffer encore plus et mon cœur à cogner comme à l'arrivée d'un cross. Ça ne pouvait plus durer.

Au moment où j'allais me lever pour ramener de force les jambes de Louane à leur place sous son bureau à elle, la maîtresse m'a interpelée :

– Alice, retourne-toi ! Tu discuteras avec Louane à la récré.

– Mais, maîtresse, c'est elle avec ses pieds...

– La prochaine fois Alice, tu auras une croix.

– Moi, une croix ? Moi...

Je n'ai pas protesté davantage. Même si la maîtresse est très gentille, il ne faut pas paraître insolent si on ne veut pas avoir de croix. Et je ne voulais pas avoir de croix. Aucune dans l'année. C'était l'objectif qu'on s'était fixé avec Joséphine : zéro croix, promis, juré.

Sauf que Louane n'a pas du tout arrêté. Elle a mis son pied sur mes fesses puis sur mon sac en laissant des traces blanches dégoûtantes.

Je me suis retournée plusieurs fois en serrant la mâchoire pour ne pas hurler mais elle continuait, cette fille insupportable. J'avais envie de faire tomber sa trousse ouverte (ah ah, j'aurais adoré voir ses stylos et ses feutres éparpillés par terre !) ou alors de prendre mes affaires pour m'installer à la place toute seule à côté du bureau de la maîtresse.

C'était horrible ses pieds sous ma chaise. Impossible de me concentrer sur les monuments de Paris.

J'ai regardé le tableau en respirant profondément pour ne pas exploser. Tout à coup, Louane m'a enfoncé son équerre dans le dos. Je me suis retournée d'un coup sec et j'ai crié :

– Aïe, tu m'as fait mal !

– Alice, tu as une croix, a déclaré Mme Leprat en prenant son stylo rouge.

– Mais… ai-je bredouillé sans trouver la suite de ma phrase.

– Tu étais prévenue.

Une croix, moi ! Oui, unc croix ! J'ai fondu en larmes parce que c'était la première croix de ma vie. Notre objectif avec Joséphine tombait à l'eau, et désormais la maîtresse me détesterait. Toute la classe m'a vue pleurer, renifler, essuyer les larmes qui gouttaient sur mon cahier et me moucher sur ma manche puis avec le kleenex que m'a passé Joséphine.

J'étais très en colère parce que Louane s'en fichait des croix, elle en avait déjà quatre ou cinq. Mais moi je ne m'en fichais pas du tout. Et même que ma queue de cheval était toute défaite avec des mèches qui entraient dans ma bouche, et en plus j'avais le hoquet et toute la classe entendait mes « oups » mais j'étais trop énervée pour me contrôler.

J'ai fermé les yeux et je n'ai plus pensé qu'à la récré suivante.

En nous levant pour descendre dans la cour, Louane m'a demandé comme si de rien n'était :

– C'est ton équerre, Alice ? Elle traînait par terre.

Mon équerre que je croyais avoir perdue ! Je la lui ai arrachée des mains, à cette voleuse, puis je suis sortie sans attendre Joséphine qui essayait de me suivre et de me consoler :

– Une croix ça peut arriver... Si tu es super sage, la maîtresse les enlève à la fin du trimestre...

Dans la cour, ils étaient nombreux autour de moi, à tenter de me remonter le moral.

Je ne sais plus si c'est Diamara ou Lily qui a déclaré :

– On a vu Louane t'embêter, on va le dire à la maîtresse.

– Elle embête tout le monde en ce moment, moi elle m'a même marché sur le pied exprès à la cantine.

Mais Mme Leprat n'a rien voulu savoir, elle discutait avec les autres maîtresses.

J'étais encore très énervée. Il fallait que je trouve une solution pour que Louane arrête de me provoquer. Qui pouvait m'aider ? Les copines de ma classe ne s'occupaient plus de moi, elles discutaient entre elles de Louane et ses copines.

– Tu veux une Tête Brûlée, Alice ? m'a proposé Noé sans m'appeler l'alien-naine.

J'ai englouti la petite boule pétillante et ça m'a fait du bien de sentir ma bouche en feu.

– Ça va mieux ? a-t-il demandé. C'est ce que j'appelle la « solution-bonbon ».

– Pas mal comme solution.

À cet instant, j'ai regretté de l'avoir envoyé promener à cause de ses réflexions de gamin. Il était un véritable ami sur qui je pouvais compter dans les moments difficiles. Je l'ai regardé dans les yeux et je lui ai lancé, sans l'appeler la Chose pour une fois :

– Merci, Noé !

– Pas de problème, il m'en reste cinq dans la poche. Tu peux récolter encore cinq croix dans la journée !

– Pour ça et pour le reste. Merci d'être mon ami... un vrai ami.

Il y a eu un moment de silence, ce qui paraît incroyable quand on est au milieu de la cour de récré. J'ai murmuré :

– Excuse-moi pour l'autre jour.

– Pourquoi, qu'est-ce qui s'est passé ? a-t-il fait semblant de ne pas comprendre.

On s'est compris et on s'est souri :

– Ah oui ! Quand tu faisais ton alien-ado !

– C'est ça ! Mon alien-ado, comme tu dis !

– Tu veux la vérité ? Tu ne vas pas pleurer ?

– Promis.

– T'étais à moitié marrante et à moitié chiante dans ta période alien-ado. Non, 75% chiante. On se dit tout entre amis ?

– On se dit tout entre amis.

On a topé. Il a replacé sa casquette. Et il est parti rejoindre ses copains.

En finir avec cette peste, et vite

En rentrant de l'école avec la voiture de mon père, Oliveira n'a pas pu s'empêcher de parler de l'incident avec Louane. Il ne me demande jamais si je vais bien, même quand j'ai été absente trois jours à cause d'une gastro horrible. Mais ce soir-là, il m'a lancé à voix haute :

– C'est à cause de Louane que la maîtresse t'a mis une croix ?

Je me suis tournée vers lui, les yeux écarquillés comme des phares de voiture.

– Ah bon, tu as eu une croix aujourd'hui ? s'est aussitôt inquiété mon père.

Lucas a compris sa gaffe et il a fait mine de s'excuser. J'ai deviné qu'il a articulé avec ses lèvres son « scuse » habituel, mais c'était trop tard. Quel idiot celui-là ! J'aurais dû lui donner plus de coups de cravache. Et dire que Margaux et Paul sont persuadés que je suis amoureuse de lui ! Jamais de la vie !

À cause de mon voisin crétin, j'ai dû expliquer à papa ce qui était arrivé en classe et ma colère est revenue. J'ai senti mes narines picoter, mes mains trembler et mon cœur tambouriner. J'ai répondu :

– Louane n'arrêtait pas de m'embêter. C'est à cause d'elle que j'ai eu une croix.

– Il faut dire que tu as crié fort, a claironné Lucas. Ils t'ont entendue jusque chez madame Morin.

– Bon, toi Oliveira, je ne t'ai pas demandé ton avis.

– Scuse, a-t-il marmonné en s'enfonçant dans son siège.

– Pourquoi Louane t'embête ? a questionné mon père. Qu'est-ce qu'elle t'a fait ?

– Rien, rien...

– Ça dure depuis longtemps ?

– Non non, quelques jours seulement, ce n'est pas grave.

Je devinais les mots qui défilaient dans la tête de papa : harcèlement, police, journal télévisé... Il était en train de se faire tout un film.

Surtout, je ne voulais pas que mes parents se mêlent de mon histoire avec Louane. Si elle apprenait que j'avais rapporté, elle ne manquerait pas de me traiter de gros bébé cafteur.

En général, quand j'ai un problème, je frappe à la porte de la chambre de Paul ou de Margaux et je ressors avec des conseils. Mais ce soir-là, je n'ai pas eu besoin de frapper à leur porte et de leur expliquer ma situation, ni à eux ni à ma mère. Toute la famille a débarqué dans ma petite chambre et ils connaissaient déjà mon problème.

Margaux m'a fait un massage pour m'aider à me détendre. Mais elle me massait comme une brute en assurant que c'était ça un vrai massage, et j'étais encore plus crispée.

– Ne t'occupe pas de Louane. Si tu l'ignores, elle cessera de t'embêter. Concentre-toi sur ton travail, elle t'oubliera.

Ignorer Louane qui me persécute ? Je n'étais pas convaincue par la réponse de ma sœur.

– Ne te laisse pas faire, Little, je vais t'apprendre une prise de judo imparable, a lancé Paul en m'attrapant par les épaules.

– Pour avoir une deuxième croix ? Non merci !

Les ados ont une drôle de façon de régler les problèmes.

– Tu devrais en parler à ta maîtresse, a dit maman en rangeant en même temps mes BD qui inondaient le bureau.

– Je téléphone à la directrice demain à huit heures, a ajouté papa.

– Non, surtout pas ! Je ne veux pas passer pour une rapporteuse.

J'ai serré ma peluche serpent. Tout le monde me donnait des conseils mais je n'avais toujours pas la solution à mon problème : comment me débarrasser de Louane et éviter que la sortie à Paris que j'attendais depuis si longtemps soit gâchée par une bagarre ?

Le lendemain, j'ai eu beau essayer de l'ignorer, de ne pas croiser son regard, de faire comme si elle n'existait pas, je n'y arrivais pas.

À chaque instant, je revoyais dans le carnet de la maîtresse, devant mon nom, la croix horrible au stylo rouge que j'avais envie d'effacer d'un coup de blanco.

À chaque instant, je repensais à cette promesse de bagarre. Personne dans ma famille ne pouvait m'aider. Vers qui me tourner ? Il n'y avait plus que Célia. Le soir, j'ai emprunté le téléphone de Paul pour envoyer un message à ma grande sœur de cœur.

Petits conseils de pros pas si pros

La veille de la sortie scolaire à Paris, j'étais allongée sur mon lit avec la bouillotte sur le ventre que m'avait préparée Margaux. J'étais triste car Célia n'avait pas répondu à mon SMS. J'avais finalement trouvé une solution : renoncer au voyage, même si j'en avais très envie depuis des mois. Alors j'ai fait semblant d'être malade. De toute façon, je n'avais pas besoin de me forcer beaucoup, j'avais déjà mal au ventre.

– Tu ne vas pas te priver de la seule excursion de l'année à cause de cette peste ! s'est exclamée ma sœur. Évite-la, ne la regarde pas et ça ira.

– Elle risque de me provoquer et je refuse de me battre !

– Reste à côté de la maîtresse, elle ne t'embêtera pas. Allez, bonne nuit !

Je me suis enfouie sous la couette. Mais je n'ai pas réussi à m'endormir. Et si je n'avais pas le choix pour la bagarre ? Je ne pourrais pas faire face à Louane si j'étais incapable de me battre ! Je n'avais rien écouté quand Paul m'avait montré sa prise de judo.

« Quand on ne sait pas, on s'informe », répète toujours Margaux. Alors, persuadée que je devrais me défendre contre Louane, j'ai décidé de me renseigner sur les techniques de combat.

Je suis descendue dans le séjour sur la pointe des pieds. Papa et maman regardaient leur série. J'en ai profité pour allumer discrètement l'ordinateur caché derrière le muret. J'ai d'abord tapé « combat » dans la barre de recherche.

J'ai eu peur en découvrant tous les sports de combat : karaté, boxe thaï, kung-fu. Je ne saurais jamais exécuter ces gestes ! Il faudrait des années d'entraînement !

Je devais « restreindre ma recherche » comme dirait Margaux. J'ai réfléchi et j'ai tapé : « Comment se battre efficacement ». Puis j'ai cliqué sur le site « Comment agir en cas d'agression », c'était exactement ce dont j'avais besoin !

Le site donnait plusieurs conseils très intéressants que j'ai notés sur un post-it :

1) Surveiller à la fois les pieds et les mains de l'agresseur.

2) Surveiller les alentours au cas où l'agresseur ait des complices. (Gare aux BBB !)

3) Évaluer la distance entre vous et l'agresseur.

4) Attention aux zones sensibles comme la gorge et les yeux.

Je suis remontée dans ma chambre discrètement avec mon post-it et, avant de m'endormir, j'ai imaginé comment j'allais ridiculiser Louane devant tout le monde.

Lorsque je me suis réveillée le lendemain, j'avais des courbatures dans tout le corps comme si je m'étais battue pendant la nuit. Je suis entrée dans la cuisine et Paul m'a montré le message que j'avais reçu de la part de Célia.

Sa réponse arrivait un peu tard, mais au moins elle ne m'avait pas oubliée.

> Amuse-toi bien à Paris !
> Je suis sûre que tu trouveras
> toi-même la solution
> à ton problème. Allez, sourire,
> ma petite sœur de cœur !

Sourire ? Elle avait compris que Louane était la pire des filles de l'école ?

J'ai répété ce message dans ma tête pendant tout le petit-déjeuner. Comment voulait-elle que je sourie avec ce qui risquait de se passer ?

Margaux m'a aidée à préparer mon pique-nique et elle m'a même donné des chips de sa réserve personnelle, parce que papa avait oublié d'en racheter. Elle m'a montré, en haut de l'armoire de sa chambre, la caverne d'Ali Baba avec des dizaines de paquets de bonnes choses. On ne l'avait même pas repérée avec Joséphine.

– Si tu en veux, tu me demandes. Je me suis constitué un stock personnel parce que Paul dévore tout ce qu'il trouve dans la cuisine.

– Moi aussi, j'ai une cachette derrière mes pulls. Mais je n'ai pas tout ça !

Nous avons échangé un sourire.

Alors que je mettais mes baskets et mon blouson dans l'entrée, Paul m'a dit :

– Tiens Little, je te conseille ce manga, il est super.

– Merci ! Ça t'ennuie si je l'emporte dans le car pour la sortie ?

– Celui-là, je l'ai en double, tu peux même le garder.

J'ai souri et lui aussi.

Au moment de quitter la maison, je me suis arrêtée trois secondes dans l'entrée pour examiner les photos de famille devant lesquelles on passe plusieurs fois par jour sans y prêter attention. C'est vrai que j'avais un beau sourire quand j'étais petite.

Je me suis tournée vers le grand miroir de l'entrée et j'ai tenté de reproduire le même sourire. À cet instant, j'ai repensé au message de Célia et une idée m'est venue à l'esprit pour échapper à la bagarre. Et si j'essayais simplement de sourire aux BBB ?

Pour reprendre l'expression de Noé avec sa « solution-bonbon », si j'essayais ma solution : « la solution-sourire » ? Avec un peu de chance, elle marcherait. Avec beaucoup de chance.

Ça valait le coup de tenter l'expérience.

La solution-sourire

En attendant le car, le matin du grand départ, tout le monde était excité à l'idée de découvrir la capitale. Moi j'étais stressée par ce qui risquait d'arriver. Joséphine m'a montré son carnet de jeux et m'a dit :

– Là, tu vois, il faut battre le pirate...

– Battre ? ai-je repris complètement obnubilée par le risque de bagarre entre Louane et moi.

Noé nous a demandé :

– Vous voulez que je vous dise tout ce que j'ai apporté pour le pique-nique ?

– Le pique-nique ? ai-je répété affolée, en pensant que c'était à l'heure du déjeuner que la bagarre avait le plus de chances de se produire.

Ils m'ont regardée d'un air ahuri.

Dans le car, on a laissé monter Louane et ses copines. Elles se sont installées au fond. Avec Joséphine, on s'est donc assises à l'opposé, juste derrière le chauffeur. J'avais la mâchoire serrée et je n'ai pas prononcé un mot de tout le trajet. Une scène de bagarre passait en boucle dans ma tête. Je voulais à tout prix éviter que cette scène se réalise. Je n'avais pas le choix, il fallait tenter ma solution-sourire pour désamorcer l'agressivité de Louane.

Oui, mais ça n'allait pas être facile, j'étais complètement crispée. Souris, Alice, vas-y. Dans le reflet de la vitre, je me suis entraînée à sourire, cela manquait de naturel. On aurait dit que j'avais une pince à linge sur chaque joue.

Quand on a commencé la visite du musée du Louvre, j'étais dans le même état de stress. À cause de Louane, la meilleure journée de l'année risquait de se transformer en pire journée. Pour l'instant, elle ne m'avait rien fait, mais je craignais qu'elle m'attaque si je n'agissais pas la première.

La classe s'est arrêtée dans une grande salle où est exposée *La Joconde* de Léonard de Vinci.

On a écouté le guide nous expliquer pourquoi ce tableau était considéré comme le plus beau du monde. J'ai essayé d'imiter le sourire léger de Mona Lisa. Tous les élèves étaient attentifs, la maîtresse avait prévenu qu'elle voulait qu'on soit irréprochables. On prend combien de croix pour une bagarre en sortie alors qu'on doit être irréprochables ?

C'est alors que j'ai décidé de passer à l'action et de tenter ma solution-sourire. Comme on était obligés d'être calmes, je n'avais rien à craindre de Louane pour l'instant. Je me suis tournée vers la peste qui me gâchait la vie depuis des semaines.

Louane mâchouillait discrètement un chewing-gum et avait l'air plus intéressée par sa montre que par le tableau. Au bout de quelques secondes, elle a remarqué que je l'observais. Elle a fait sa fameuse tête désagréable.

J'ai paniqué. Mes jambes se sont mises à flageoler, ma respiration s'est accélérée, un frisson m'a parcouru le dos. Courage, Alice. En temps normal, je lui aurais rendu sa grimace en pire. Je ne devais surtout pas répondre par une grimace. Grrr...

J'ai réalisé un effort surhumain. J'ai inspiré profondément pour me donner du courage, j'ai repensé à Célia, à la photo de moi quand j'étais petite, à *La Joconde*. Et j'ai souri. Ça m'a fait mal aux lèvres de les remonter vers le haut, pour réaliser le sourire le plus douloureux de ma vie. Aïe, ouille ! Mais j'y suis arrivée. J'ai gardé mon sourire le plus longtemps possible, au moins deux ou trois secondes.

J'ai essayé de regarder Louane dans les yeux pour être plus convaincante, ce n'était pas facile.

Pour m'aider, j'ai pensé à des choses rigolotes comme la fois où j'avais marché dans le crottin devant Augustin, ou quand Célia était tombée dans le panier à linge sale. Voilà, j'avais effectué le test-sourire. Et maintenant quelle serait la réaction de Louane ?

Elle a d'abord eu l'air étonnée. Puis elle a paru énervée de ne pas comprendre ce que je faisais et elle a fini par me tourner le dos. Soulagée, j'ai pu arrêter de sourire. Ouf ! C'était un vrai supplice.

En me voyant sourire à Louane, Joséphine a arrêté de prendre des notes et s'est penchée vers moi.

– Un problème ? a-t-elle chuchoté, elle qui est toujours très sérieuse dès qu'on est avec la maîtresse.

– Non, une solution ! ai-je répliqué fière de moi.

Elle m'a lancé un regard rempli de points d'interrogation. Mais comme on n'avait pas le droit de parler, je n'ai rien pu lui expliquer.

Le guide nous a conduits vers une autre salle du musée.

Je ne savais pas trop quoi penser de ma première tentative. Est-ce que mon idée était vraiment la bonne ? Est-ce que je ne risquais pas plutôt d'agacer Louane ? Ne croirait-elle pas que je me moquais d'elle et la provoquais ?

Le pique-nique approchait et la menace de la bagarre était imminente. Pour l'instant, je n'avais rien réglé du tout.

À la boutique de souvenirs, quand Maéva a payé son marque-page, un billet de vingt euros est tombé de son porte-monnaie par terre. Maéva était devant moi, alors j'ai ramassé le billet et je le lui ai tendu avec un petit sourire. C'était un sourire forcé mais déjà plus naturel que celui que j'avais adressé à Louane.

– Excuse-moi, tu as perdu un billet, j'ai marmonné.

– J'ai rien perdu, qu'est-ce que tu racontes ? J'ai tout mon argent !

– Je pense qu'il a glissé de ton porte-monnaie sans que tu t'en aperçoives.

Elle a soupiré en adressant un coup d'œil complice à ses copines, l'air de dire : « De quoi elle se mêle, celle-là ? »

– Vérifie, lui a lancé Louane.

Maéva a ouvert son porte-monnaie et elle a fait une drôle de tête quand elle a constaté qu'il lui manquait vingt euros.

Elle m'a pris le billet des mains en grognant comme si je le lui avais volé :

– Donne, il est à moi !

J'ai eu du mal à continuer de sourire. Si j'avais su, j'aurais gardé l'argent. Quelle teigne, cette fille ! Et là, j'ai eu un choc. Louane a soufflé à Maéva :

– Tu peux remercier Alice. C'est quand même vingt euros.

Maéva a marmonné un merci à contrecœur et m'a tourné le dos aussitôt. J'étais assez fière de moi et, cette fois, je n'ai pas eu de peine à conserver mon sourire tellement j'étais contente du résultat. Ma stratégie commençait à porter ses fruits. Finalement, ma solution-sourire était peut-être une excellente idée.

En sortant de la boutique, Joséphine m'a demandé :

– Pourquoi tu lui as rendu le billet ?

– Pour ne plus avoir de problème !

– Tu aurais dû le garder, on aurait gagné vingt euros de plus pour la cagnotte de notre poney !

– Tu verras...

– Quoi ? Je verrai quoi ? Tu n'as plus envie d'acheter un poney ?

– Mais si, j'en ai envie !

C'était trop long de lui expliquer mon plan, tout le monde se dirigeait vers le lieu du pique-nique. J'ai croisé les doigts. Et j'ai emboité le pas à Louane.

Bye-bye BBB

Il ne fallait surtout pas s'arrêter en si bon chemin. Une bagarre entre Louane et moi pouvait encore éclater d'un moment à l'autre. Je n'avais pas fini de régler mon problème avec les BBB.

Au pique-nique dans le parc des Tuileries, j'ai pris des photos de mes copains de classe. Et là, j'ai eu une idée.

Je me suis approchée de Louane et de sa bande. J'ai déclaré d'une voix joviale :

– Sourire !

Elles se sont regardées l'air ahuries, comme si elles se demandaient réciproquement l'autorisation de sourire pour ma photo. Mais puisque je braquais l'appareil sur elles, elles ont posé et souri.

– Merci ! me suis-je exclamée. Allez, une autre !

J'ai pris cinq photos de mes pires ennemies. J'étais super contente. J'avais réussi à les faire sourire à leur tour. Le risque d'une bagarre devenait peu probable. Ma méthode marchait à la perfection.

Quelques minutes après, Louane et ses copines se sont approchées de nous.

– Vous voulez des chips ? a proposé Chérifa. On en a trop.

– Miam ! Je ne dis jamais non à ce genre de proposition ! a répondu Noé, la main tendue prête à plonger dans le paquet.

Méfiante, Joséphine a refusé.

– Elles ne sont pas empoisonnées, tu peux en prendre ! me suis-je exclamée. Moi, je me sers, merci.

Louane et ses copines ont ri et moi aussi. Alors Joséphine a attrapé une énorme poignée de chips et a rigolé avec nous en répliquant :

– Ah bon, je croyais !

Elle ne comprenait toujours pas ce qui se passait.

Louane a ajouté :

– Et si vous voulez des bonbons, n'hésitez pas.

– Merchi beaucoup, j'ai répondu la bouche pleine.

– De rien, ch'est normal, m'a imitée Louane en m'adressant un clin d'œil.

Et tout le monde a explosé de rire. Oui vraiment, ma solution-sourire marchait à la perfection !

J'ai continué, c'était trop sympa, je n'avais pas envie que ce moment se termine.

– J'aime bien ton porte-clés manga, tu l'as acheté où ? lui ai-je demandé.

– Je ne sais plus, je l'ai depuis longtemps.

– J'adore les mangas.

– Toi aussi ? Je t'en prêterai, j'en ai plein.

– Super ! Moi aussi. Enfin, mon frère. Il ne lit que ça.

– Le mien, pareil !

Je l'ai regardée droit dans les yeux pour qu'on admette toutes les deux qu'on avait au moins un point commun : on aimait les mangas. Et que nos disputes n'avaient aucun sens. Quand j'ai entendu de sa bouche…

– Tu sais où j'habite ? Tu viens quand tu veux voir ma collec de mangas.

… j'ai crié victoire dans ma tête. À la place de la bagarre, c'était la grande réconciliation. Oubliées les BBB, place aux fans de mangas.

Pour le trajet du retour, des garçons se sont rués au fond du bus, alors on s'est assises au milieu, à côté de Louane et de ses copines. On a bien rigolé avec Joséphine. J'ai été étonnée parce qu'à deux reprises elle a fait tomber son carnet de jeux et son stylo, comme si elle n'avait plus de force dans le bras. J'ai vu qu'elle jetait des coups d'œil derrière moi, et derrière moi il y avait... Lucas Oliveira !

Mais en descendant du car, j'ai commis une horrible maladresse : j'ai marché sur la chaussure de Louane.

Mon esprit s'est emballé comme un poney piqué par un taon : tout allait tomber à l'eau et la guerre serait repartie, et ce serait encore l'enfer jusqu'au collège, et on allait se battre là devant tout le monde et mes efforts n'auraient servi à rien.

Louane s'est retournée d'un coup sec. Elle avait ses yeux assassins et a grogné :

– Tu pourrais faire att...

J'ai eu le meilleur réflexe de ma vie. J'ai dit aussitôt :

– Excuse, je t'ai fait mal ?

– Non, ça va, c'est juste ma chaussure qui est un peu sale.

– Désolée, tu aurais pu tomber en plus. Je n'ai pas regardé où je mettais les pieds. Je suis trop maladroite.

– Pas de problème, ça arrive à tout le monde. On ne va pas se battre pour ça !

Pas de problème ! Elle l'avait dit : pas de problème. Ouf, j'étais sauvée. Il fallait vraiment que j'arrête de me stresser pour un rien, comme une petite fille qui a toujours peur de faire des bêtises. J'étais une ado désormais.

Alors j'ai porté son sac avec le porte-clés manga pendant qu'elle époussetait sa chaussure.

En traversant au passage piéton, Joséphine s'est tournée vers moi et m'a glissé à l'oreille :

– J'ai compris ta stratégie…

Je lui ai répondu :

– Bravo !

Elle a répliqué :

– C'est toi qu'il faut féliciter !

Je n'ai même pas eu besoin de lui expliquer, elle avait deviné. C'est une vraie extraterrestre, ma copine.

On a dit au revoir à notre maîtresse adorée et, exceptionnellement pour un vendredi, on est rentrées chez Joséphine pour goûter et pour jouer. Sur le chemin, Joséphine m'a prise par le bras et m'a lancé :

– Tu aurais pu m'en parler de ton idée. Je t'aurais aidée.

– Je n'étais pas sûre que ça marche. Et puis je voulais résoudre seule mon problème avec

Louane. Après tout, je suis grande maintenant, c'est à moi de me débrouiller.

– C'est ta copine qui t'a conseillée ?

– Célia ? Elle m'a juste suggéré de trouver moi-même une solution.

– Facile ! Bon, quand est-ce que tu me la présentes ?

J'ai serré son bras contre moi et j'ai déclaré :

– Quand tu veux !

Pour une fois, je me suis sentie moins petite à côté d'elle. J'avais trouvé seule une solution pour éviter la bagarre. C'était peut-être cela, grandir.

Le soir, j'ai écrit un message à ma sœur de cœur sur le téléphone de Paul :

Opération réussie.
Merci pour tout !

La chance, je change de chambre !

Le lendemain, pendant le déjeuner, maman a lancé :

– On pourrait profiter du week-end pour installer ta chambre au grenier, Alice ! Qu'est-ce que tu en dis ? La tienne devient trop petite, tu grandis.

Elle a jeté un coup d'œil complice à papa. Ils en avaient déjà parlé entre eux. Au début, je n'étais pas très intéressée par cette proposition. J'ai répondu :

– Avec les toiles d'araignées, la poussière et les escaliers qui grincent ?

– Mais non ! On va nettoyer et je poserai du papier peint, a déclaré papa qui n'est pourtant pas le pro des travaux.

Et puis on est montés là-haut et j'ai réfléchi à la proposition.

La première chose que j'ai aperçue dans le grenier, c'est le bac en plastique avec mes poupées. Je n'ai rien éprouvé de particulier, ces dernières semaines elles ne m'avaient jamais manqué. Margaux a dit :

– Tu seras tranquille ici pour travailler… et pour le reste.

Paul a ajouté :

– Veinarde, tu auras la plus grande chambre. Si tu veux, je t'offre mon vieux poster de Naruto, tu pourras l'accrocher sur ce mur.

Finalement ça m'a donné envie. Avec un peu d'imagination, du ménage et quelques travaux, le grenier deviendrait une belle chambre d'ado.

Et puis on en profiterait pour réparer mon miroir.

– Tu es contente ? m'a demandé maman.

Ils se sont tous tournés vers moi en attendant ma réaction. J'ai hésité quelques secondes à répondre parce que je n'étais plus habituée. Puis, j'ai souri et j'ai murmuré :

– Oui, je suis contente.

Et comme par magie, ils ont tous souri aussi.

Avant de redescendre, j'ai entrouvert le bac en plastique pour jeter un coup d'œil. Mes poupées étaient toujours là. J'allais le refermer quand mes yeux ont croisé ceux de Spectra.

À cet instant, mon cœur s'est mis à battre à toute vitesse. Je n'ai pas pu résister. Je l'ai prise pour jouer avec elle l'après-midi.

Maman m'a vue avec la poupée quand je traversais le couloir. Elle accrochait un nouveau tableau au mur. Comme elle restait muette, je lui ai demandé :

– Qu'est-ce qu'il y a ?

– Rien du tout, je n'ai rien dit.

Elle m'a adressé un sourire. Je lui ai souri à mon tour, puis je me suis enfermée dans ma chambre. Après tout, je n'étais pas encore tout à fait une ado, j'avais bien le droit de jouer avec ma poupée préférée.

Plus tard dans l'après-midi, alors que je racontais à Spectra ma visite à Paris et comment j'avais réussi à résoudre mon problème avec les BBB, Célia a frappé à ma porte.

– Je viens te dire au revoir, Alice, on a terminé notre exposé avec Paul.

– Tu ne reviendras plus ?

– Mais si, bien sûr ! Je repasserai te faire coucou, ma petite sœur de cœur. Et si tu veux discuter, n'hésite pas à m'envoyer un message.

Je me suis précipitée vers elle et je l'ai serrée dans mes bras.

– Ne pars pas ! Reste ici, avec moi.

Je me suis rendu compte que je faisais un caprice de bébé, alors j'ai desserré les bras et je l'ai laissée partir.

– Je reviendrai bientôt, promis, a-t-elle murmuré. Ça te plairait d'aller à Disneyland un jour ?

– Yes ! me suis-je écriée.

Et elle a dévalé l'escalier.

Je l'ai attendue derrière la fenêtre de ma chambre pour lui dire au revoir quand elle serait dans la rue. Mais elle ne s'est pas retournée. Elle parlait avec Paul. Et là, au portail, j'ai vu… enfin… ce que j'espérais depuis longtemps : le bisou-bisou.

J'étais hypnotisée par la scène du bisou qui se déroulait sous mes yeux quand, soudain, j'ai entendu derrière moi :

– Ça fait longtemps qu'on n'a pas dansé dans ma chambre !

C'était Margaux. J'ai répondu :

– Une éternité !

– Alors, c'est parti ?

– Yes ! On danse !

Et j'ai sauté dans tous les sens en la suivant jusqu'à sa chambre.

Dans le couloir, Margaux restait sérieuse mais dès qu'elle a fermé la porte, je ne l'ai plus reconnue. Ou plutôt si, elle est redevenue comme avant quand on s'amusait bien ensemble. Elle a jeté ses lunettes sur le bureau et elle a crié, comme si elle avait dix ans :

– C'est la fête !

J'ai répété plus fort :

– C'est la fête !

On a repris nos anciennes habitudes. Margaux a allumé la musique et branché la boule disco. Elle a sorti du maquillage et je me suis assise pour qu'elle me fasse belle. Tant pis, c'était sans lunettes. Elle se débrouillait bien quand même. À la fin de la séance, je lui ai tendu les ciseaux et je lui ai dit :

– Vas-y, coupe.

– Quoi ? La mèche bleue ?

J'ai acquiescé.

– Dommage, je commençais à m'y habituer. Tu ne regretteras pas ?

– Non, j'en ai marre. J'ai l'impression d'être déguisée en ado.

Alors ma sœur l'a coupée délicatement et l'a glissée dans une pochette en plastique pour que je la garde en souvenir. Je me suis sentie soudain plus légère.

J'ai monté le son, elle a fermé les rideaux. On a dansé, on a sauté, on a chanté, on a crié. Et on a surtout bien rigolé. Il n'y a pas d'âge pour s'amuser, yes !

De la même auteure
en grand format

Crédits
Monster High® est une marque déposée de Mattel, Inc.

Retrouve dans la collection

pop
RAGEOT

La vraie recette de l'amour

Agnès Laroche

Comment se débarrasser d'un vampire...

J.M. Erre

Des frères en finale

Fabrice Colin

L'AUTEURE

Ado déjà, **Ségolène Valente** écrit : son journal intime, des pièces de théâtre, des chansons, des lettres à ses amoureux, des nouvelles.
À 25 ans, elle publie *Ma première boum,* un grand succès qui deviendra le premier épisode de la série *Vive la 6e !*
Elle vit en région parisienne avec son mari et ses trois enfants. Elle savoure au quotidien les joies et les tracas de la préadolescence.
Vous pouvez la retrouver sur son site et lui envoyer un message : www.segolenevalente.fr

L'ILLUSTRATRICE

Cléo Germain est née en 1983.
Diplômée de l'École de l'image d'Angoulême, elle travaille comme illustratrice pour l'édition et la presse jeunesse.
Elle fait partie du collectif d'auteurs Café Creed et a travaillé pendant plusieurs années au sein de l'atelier du Gratin.
Cléo tient un blog où on peut voir quelques images : cleogermain.tumblr.com

Retrouvez la collection

sur les sites www.rageot.fr
et www.livre-attitude.fr

Achevé d'imprimer en France en mai 2016
sur les presses de l'imprimerie Aubin
Couverture imprimée par Boutaux (28)
Dépôt légal : juin 2016
N° d'édition : 5111 - 01
N° d'impression : 1603.0439